JN336826

株式会社は
こんなにおもしろい

福井 幸男

関西学院大学出版会

まえがき

　本書は、2001年6月15日から7月にかけて毎週金曜日の夜に連続5回、西宮市アクタ東館5階の西宮市大学交流センターで行った「インターカレッジ西宮」ビジネスセミナーでの講演レジュメに基づいている。日本人一人ひとりの生活に「会社」は密着している。しかし、長期不況が続き、会社の姿も揺らぎ始めている。このビジネスセミナーでは、「株式会社」とは何かをテーマとしてまとめた。限られた時間の中でなんとかできたのは、毎回、熱心に聴講して下さった100名近い西宮市民の皆さんのおかげである。関西学院大学副学長の水原熙教授（西宮市大学交流センターの中心的なメンバー）、三波正和事務局長、下阪徹課長、北林哲二係長、奥村仁美課員をはじめセンターの方々には深く感謝申し上げる。また、連結決算の資料を提供してくれた院生の上野雄史君、貴重なご助言を賜った関西学院大学商学部平松一夫教授、則定隆男教授、藤沢武史教授および森泰博名誉教授にもお礼申し上げたい。最後に、関西学院大学出版会の浅香実加さんに深謝します。

　この期間中の6月20日に急逝した父、福井正文に捧げたい。

西宮市・上ヶ原の研究室にて

福井幸男

2001年8月14日

目　次

第 1 章　株式会社の誕生と発展
　1　人類の知恵 11
　　1－1　複式簿記（Double Entry System）　11
　　1－2　株式会社　12
　　1－3　コンピュータ　12
　2　株式会社の誕生 13
　　2－1　シェイクスピアの『ベニスの商人』と
　　　　　地中海貿易華やかな時代　13
　　2－2　1602年世界初の株式会社、オランダの
　　　　　東インド会社設立　14
　　2－3　産業革命と株式会社制度の普及　16
　　2－4　1862年世界初の近代的な法律、
　　　　　「会社法」イギリスで成立　17
　　2－5　日本への株式会社制度の導入　18
　　2－6　渋沢栄一と岩崎弥太郎の「墨田川船中大論争」　20
　　2－7　ロエスレルの商法草案と1890年の「商法典」　21
　3　会社 22
　　3－1　福沢諭吉とcompanyの訳語　22
　　3－2　会社組織とすることのメリット　22
　　3－3　出資者の責任の取り方は有限か無限か　23
　　3－4　合名会社、合資会社、有限会社、株式会社　24

3－5　会社の現状　27
　　3－6　社団法人と財団法人　29
　　3－7　会社は営利社団法人　31
　貴重なご意見、ご質問に答えます（1）　32

第2章　会社の診断書「財務諸表」
　1　株式会社の設立 41
　　1－1　株式会社と資本金　41
　　1－2　株式会社設立の要件　42
　　1－3　株式会社の3機関　43
　　1－4　株式会社　43
　2　貸借対照表、損益計算書そして
　　　　　　　　　　　　　キャッシュ・フロー計算書 45
　　2－1　貸借対照表はダムの貯水量　46
　　2－2　資本　48
　　2－3　損益計算書はダムの入水量　49
　　2－4　キャッシュ・フロー表で手元現金を確かめる　50
　　2－5　単独決算から連結決算へ　57
　　2－6　金融制度改革（金融ビッグバン）と
　　　　　　　　　　　　　　　　　会計ビッグバン　58
　　2－7　簿価から時価会計へ　59
　　2－8　会計ビッグバンの柱　60
　3　美津濃の財務諸表を読む 65

4　公認会計士と税理士 68
　貴重なご意見、ご質問に答えます（2）　70

第3章　株式市場とエクイティ・ファイナンス
　1　我が国の株式会社の現状 77
　　1－1　会社の総数　77
　　1－2　株式公開会社と上場・登録基準　78
　　1－3　非公開会社それぞれの理由　80
　2　株式 81
　　2－1　株式の額面は50円、1982年以降は5万円　81
　　2－2　株主の権利　83
　　2－3　名義書換え制度　84
　　2－4　株式譲渡の制限　85
　　2－5　自社株消却・ストックオプション・金庫株　86
　　2－6　株式の売買と税制　88
　　2－7　信用取引　89
　　2－8　株式の発行形態　90
　　2－9　配当　91
　　2－10　株式のメリット・デメリット　92
　　2－11　個人の金融資産　92
　　2－12　株式の保有構造　93
　3　直接金融の方法 94
　　3－1　間接金融から直接金融へ　94

3－2　社債　95
　　3－3　転換社債　98
　　3－4　ワラント付き社債　100
　　3－5　社債発行による資金調達と
　　　　　　　　　　エクイティ・ファイナンス　102
　　3－6　株式と社債　103
貴重なご意見、ご質問に答えます（3）　105

第4章　日経平均株価とTOPIX
　1　株式市場 121
　　1－1　証券市場と商品市場　121
　　1－2　ベンチャー向け株式市場　122
　　1－3　先物取引　124
　　1－4　証券会社　125
　　1－5　三大証券会社　127
　　1－6　銀行と証券の分離　128
　　1－7　銀行と証券の分離原則の廃止　129
　2　株価の決定要因 131
　　2－1　株価の決定要因はＰＥＲかＰＢＲか　131
　　2－2　ＰＥＲとＰＢＲのデータ比較　132
　3　株価動向の目安 133
　　3－1　日経平均株価の歴史　133
　　3－2　日経平均株価の定義　134

3－3　日経平均株価の数値例　136
　　　3－4　留意点　139
　　　3－5　ＴＯＰＩＸ＝東証一部上場1474社の
　　　　　　　　　　　株価の時価総額の指数　140
　　　3－6　ニューヨークダウ平均　141
　　4　インサイダー取引 141
　　　4－1　株価と投機　141
　　　4－2　インサイダー取引　142
　　　4－3　アメリカのＳＥＣと日本の
　　　　　　　　　　証券取引等監視委員会　145
　貴重なご意見、ご質問に答えます（4）　147

第5章　法人税、ベンチャー・ビジネス
　　　　　　　そして21世紀の会社像

　　1　法人税と所得税 161
　　　1－1　所得税は累進課税、法人税は一律課税　161
　　　1－2　利益の半分が税金　162
　　2　ベンチャービジネス 163
　　　2－1　我が国の現状 ── 高額納税者番付　163
　　　2－2　せんみつの世界　163
　　　2－3　日本経済再生の起爆剤 ── 楽天の成功　165
　　　2－4　ベンチャー企業への支援政策　165
　　　2－5　ベンチャー企業と大学　166

3　eビジネス 166
　3－1　ベンチャーの旗手はeビジネス　166
　3－2　電子商店街「楽天」　167
　3－3　クリック&モルタル（clicks & mortar）　170
4　新しい株式会社像 170
　4－1　ナレッジマネジメントと知識創造企業　170
　4－2　ミドルマネジャーを生かす　173
　4－3　仕事こそ生き甲斐　175
貴重なご意見、ご質問に答えます（5）　176

参考文献 185

第1章　株式会社の誕生と発展

1　人類の知恵

　現代の産業経済を支えリードするのは、人類の偉大な3つの発明、つまり、複式簿記、株式会社制度そしてコンピュータである。

1－1　複式簿記（Double Entry Bookkeeping System）

　複式簿記はまさしく人類の偉大な発明のひとつです。聖フランチェスコ教団の僧侶パチョーリ（1445-1519）が当時ベニスの貿易商人で広く使われていた簿記を世界で初めて体系的に『スムマ（ＳＵＭＭＡ）』の中でまとめた。ある品物を売ると、品物は出てオカネが入ってくる、つまり品物の出で1回、オカネの入で1回の計2回の操作で会計（会社の計算の略）は釣り合う。この収支を左右に振り分けて対応させるのが複式簿記である。まさしく、2回記入（ダブルエントリー）するわけです。
　マックス・ウエーバーは『宗教社会学論選』（大塚・生松共訳、みすず書房）の中で「合理的な経営簿記、ならびに、経営資産と個人財産の法的分離がそこ（近代西洋以外、筆者注）ではまった

く欠けているか、あるいはごく端緒的にしか展開されていなかった（p.17）」と述べている。家政と経営の分離は合理的な簿記つまり複式簿記が存在してはじめて可能となったわけである。自分のカネと会社のカネがゴッチャになっていては合理的な経営組織は成立しない。かつての王侯や領主が行っていた事業が近代資本主義に発展しなかったのは、家政の範囲の域を出なかったからである。

　日本では、中小企業が株式市場に上場するには財務諸表が公認会計士の手で整備されなければならない。企業の株式が上場されるとは、一般に広く社会全体に株式を売却することで、会社が経営者個人の所有物から離れ、株主の層が一挙に広がることである。会社は個人的所有物から社会的存在になる。経営者は大株主には違いないが、会社資金の私的流用などの公私混同は法的に厳しく罰せられることになる。複式簿記を前提にしてきびしく公私が峻別されるのである。

1－2　株式会社
　株式会社にかんしては、次節以降に述べる。

1－3　コンピュータ
　コンピュータについては、現代のＩＴ社会あるいはインターネットの進展、またこれを支える情報通信技術を思い起こせば、人類の英知の偉大さに敬意を表さずにはおられない。

2　株式会社の誕生

2－1　シェイクスピアの『ベニスの商人』と地中海貿易

華やかな時代

　イタリア商人が覇権を握っていたオリエント貿易においては、一人の商人が資金を出して、銀を珍奇な物産、とくに胡椒や香料と交換して、多大な利益を得ていた。たまには、海賊や暴風雨にあって、失敗することもあったかもしれないが、1年後には出資金の何倍、あるいは何十倍かの利益を得ていた。しかし、次第に、商船隊を襲う海賊や嵐の危険を数人でかぶることは困難となってきた。損害が出れば、「私財産全部を以て直接に責任を負う」ことになっていた。そこで、次第に、広く人々から出資金を集める方法がとられた。たとえば、一航海毎に資金を集め、船がアジアから帰還後に輸入品やその販売代金を出資率に応じて出資者に分配するという方法がよくとられていた。その場限りの一代ベンチャーであり、ゴーイング・コンサーン（永続企業）ではなかった。無限責任の原則は守られていた。資金の回収期間は比較的短期であった。

　1492年のコロンブスによるアメリカ大陸の発見、それに続く1498年のバスコ・ダ・ガマの希望峰回航による東インド航路の発見は、「商業革命」と称されるほどの社会経済上の変革をヨーロッパにもたらした。新大陸とヨーロッパの貿易、そしてヨーロッパとアジアの貿易は連結した（図1－1参照）。新大陸の銀とアジアの

胡椒(ペッパー)や香料(チョウジとナツメグ)の取引がヨーロッパの毛織物を媒介に連結したのである。

図1-1　大航海時代の貿易の流れ

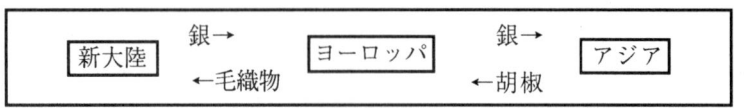

```
           銀→           銀→
 新大陸          ヨーロッパ         アジア
          ←毛織物         ←胡椒
```

この商業革命は、イタリア商人によるオリエント貿易を打破し、イタリア諸商業都市は勢いを徐々に失っていく。つまり、シェイクスピアの『ベニスの商人』に書かれている地中海を背景とした貿易華かな時代はその輝きを失っていく。1588年スペインの無敵艦隊はイギリス海軍によもやの大敗北を喫す。ここに海上の覇権は、スペインからイギリス、オランダに移っていく。

2-2　1602年世界初の株式会社、オランダの東インド会社設立

従来の一航海限りのパートナーシップから、継続的な貿易業という実体をもって企業形態として整ってくるのは、世界最初の株式会社であり、1602年に設立されたオランダの東インド会社である。オランダのフォール・コンパニーエンである遠国会社(1594年)や先駆会社(1597年)は一航海限りのベンチャーであった。オランダ各地に乱立した先駆会社はアジアで胡椒を争って買い求めたために買い付け価格が暴騰して母国では逆に価格暴落の事態を招いた。当時は季節風を利用した航海であったから、これらの船舶はいずれも一斉にヨーロッパを出航し同時期に東インドに着

き現地で仕入れを同時期にして、同時期に帰国するというシンクロナイズの動きをとっていた。この由々しき事態を解消するために、オランダ連邦議会で貿易独占の議がまとまり、先駆会社が一同団結して生まれたのがオランダの東インド会社である。この会社は議会の特別許可によって設立され、アジア貿易の独占権を付与され、自ら軍隊を持った総合的な商社であった。

この会社はイギリスの東インド会社の10倍程度の資金を集めた。資本金は650万ギルダーである。インドやインドネシアから香料・胡椒を購入し、代金を銀で支払っていた。出資は10年間固定され、この間出資者の退社は許されなかった。10年後に清算がおこなわれた。この時点ではじめて出資者の退社・入社が希望にしたがって認められたが、会社自体は引き続いて存続し、1799年までの200年間営業活動を続けた。

この東インド会社は次の点で今日の株式会社の起源とされる。第一の理由は、社員の責任が有限責任となっていて、出資分だけの責任に限定し、個人の私生活まで犠牲にしない形であった（東インド会社特許状第42条）。第二に、取締役団が結成され、その中の17人の取締役会が最高執行機関となった。第三出資金が当初の10年間は固定されて、ゴーイング・コンサーンとしての性格を持った。第四に株式の自由な譲渡が認められた。つまり、創設10年を過ぎれば株主は資本をいつでも回収できたのである。

しかし、大塚久雄は、東インド会社が株主総会を欠いていることをもって、「専制型」株式会社としている。

和蘭東印度会社は「株式会社」の起源であった。しかしながら、完成した姿の株式会社に対比してそれは就中一の重要な「未完成な」点を持っていた。即ち、「民主的総会」を欠如し、中心的取締役団による「専制的支配」が行われていた（大塚久雄〔1954〕『株式会社発生史論』p.366）。

　オランダの東インド会社の商圏はアフリカ・希望峰からアメリカ・マゼラン海峡までの広い地域であり、インドネシアを中心に北は日本、南はジャワ島、西はペルシャにいたった。江戸幕府はオランダを唯一の貿易国として長崎の出島で交易を行った。日本からは銀を輸出し、オランダから絹織物、毛織物を輸入した。

2－3　産業革命と株式会社制度の普及

　しかし、こうした株式会社の形態は貿易業に限られていた。産業革命前は家内制手工業が中心であり、大規模な資本が必要とされなかったからである。18世紀半ば以降、イギリスを中心にヨーロッパで産業革命が起こり、工業生産が盛んになるにつれ、工業に投じられた出資金は短期的に回収されることは難しくなってきた。機械設備、土地などに固定化されるからである。人々は短期資金ならば容易に貸すであろうが、長期的に自己資金が固定化されることに消極的となる。それでは、工業勃興の資金が集められない。そこで、なんとか、人々から巨額の資金を募るには、どうしたらよいのか、知恵をしぼることになった。企業家は長期資金を必要とし、投資家は短期貸付を望む、という矛盾が出てきた。

この難問を解決したのが、すでに海外貿易等の商業分野で実行されていた「株式会社」制度の形態であり、「株式」発行という資金調達方法である。こうして、ヨーロッパでは鉱山、海運、造船などの株式会社が続々と誕生しこれに投資する人も増えてきた。しかし、基盤の弱い会社が次々に倒産し、1720年に南海会社（サウス・シー・カンパニー）倒産を機にはじめての株式恐慌が起こった（サウス・シー・バブル）。それでも会社は増え続けた。そこで、ロンドン証券取引所を創設して、投機を取り締まった。アメリカでは、1792年にウォールストリートのすずかけの木の下で24人のブローカーが集まり、証券取引にかんする協定（The Buttonwood Tree Agreement）が発表され、ニューヨーク証券取引所（New York Stock Exchange、通称ＮＹＳＥ）が発足した。

2－4　1862年世界初の近代的な法律、「会社法」イギリスで成立

　1844年に会社法（Joint Stock Companies Act）が通商産業大臣グラッドストーンの肝いりで成立した。①登記によって法人が設立できる、②株式を自由に譲渡できる、の二点が斬新であった。しかし、会社法は株主の有限責任性を欠如していた。1855年には有限責任法（Limited Liability Act）が成立した。一定の条件の下で有限責任社員のみからなる会社を認めるという準則主義を打ちたてた。その条件の主要な点は次の二点にあった。①25人以上の社員を有し、かつ公称資本の75％以上が応募形式の株主に保有されていること、②Limited（Ltd）なる文字が会社商号の末尾に

存在すること。翌年の1856年に制定された株式会社法（Joint Stock Companies Act）は有限責任法を統合して、有限責任の上限を出資株式金額（limited by shares）と規定した。

　こうした法制化の動きは、1862年に、イギリスにおいて世界最初の近代的な会社に関する総合的な法律、会社法（Companies Act）として結実し、ここに自由に会社を設立することが認められた。会社法は、企業のマグナ・カルタと評される。付表として、会社定款の雛型を掲げ、会社設立の事務処理を簡略化している。また、7人の発起人が基本定款に署名し、法定手数料を納付して定款を登記し、設立証明書の下付を受け取れば、直ちに事業を開始することができた。社員の責任を限定するには、この旨を定款に記載し、商号の末尾にLimitedを挿入すれば、有限責任が法的に保証されたことになった（武市春男〔1961〕『イギリス会社法』国友書房）。

2－5　日本への株式会社制度の導入

　日本では、1872年（明治5年）に制定された近代的な株式会社組織の「国立銀行条例」によって、「株式会社」制度が成文化された。ここでいう国立とは国営の意味でなく、範となったアメリカのナショナルバンクの訳であり、国の法律によるという意味である。れっきとした私立銀行である。しかし、これは一般的な会社法ではなく、特定の会社に対するものであった。豪商三井の三井組バンクの設立請願、および豪商小野組の私立銀行設立請願に

対して、政府はこれを許可しなかった。明治新政府は翌1873年、「国立銀行条例」を発布した。この年の7月20日に初の民間銀行が政府の指導で両組が協力して、第一国立銀行（現在の第一勧業銀行の前身）として開業する。資本金は、三井組100万円、小野組100万円、そして一般公募50万円の計250万円。頭取三井八郎右衛門・小野善助、副頭取三野村利左衛門・小野善右衛門、そして総監役渋沢栄一でスタートした。ついで12月10日に第五国立銀行が大阪に開業する。

　渋沢こそ、日本の資本主義の生みの親である。1873年に大蔵省を辞し、「商人賢なれば国家の繁栄保つべし」（龍門会編（1900）『青淵先生60年史第二巻』）の範を示すことを使命として、共同合本組織で生涯に500を超える会社設立にかかわる。論語とそろばんを両立させる道徳経済合一説を実践して、「士魂商才」と呼ばれている。

　1876年には「改正国立銀行条例」が公布され、急速に「国立銀行」が各地に設立された。総計153の国立銀行が設立された。同じ年に最初の私立銀行である合名会社三井銀行（資本金200万円）がつくられたが、当時、「株式会社」といえばほとんどが「国立銀行」であった。1879年までに京都の第百五十三国立銀行を最後に全国につくられた。銀行以外の産業においても、1876年に、三井物産会社（社長益田孝）、1879年には、東京株式取引所（社長渋沢栄一）、大阪株式取引所（社長五代友厚）、また東京海上保険会社（社長益田克徳）が設立された。翌年には、安田銀行と横浜

正金銀行が設立された。こうして、株式会社の設立は加速度的に増加していった。会社は文明開化のシンボルであった。しかし、その中身は実はあまりわかっていなかった。会社制度の理解は混乱していたのである。そのなかにあって、東京海上保険、大阪紡績、大阪セメント、大阪商船、日本鉄道（筆頭発起人岩倉具視）などは株式会社として成功し、その存在は輝いていた。1890年商法公布、1893年商法一部施行、そして1899年には事実上、我が国初の新しい商法が公布施行された。

2－6　渋沢栄一と岩崎弥太郎の「墨田川船中大論争」

　株式会社の制度が徐々に浸透していくなかで、専制的に企業を運営していこうという考えもあった。渋沢栄一と岩崎弥太郎の「墨田川船中大論争」は興味深い。当時、岩崎は郵便汽船三菱会社を率いて前年の西南戦争で軍需物資の輸送を一手に引き受け、巨万の富を築いていた。

　1878年岩崎が渋沢を招待して屋形船で遊ぶ（龍門社編［1968］『渋沢栄一伝記資料別巻第5』）。このとき、岩崎は「これからの実業をどうもっていけばよいか」と尋ねたのにたいして、渋沢は「実業は国利民福を目標としなければならないから、合本法がふさわしい」と答える。岩崎は「合本法など、船頭多くして船山に登るの類ではないか、才能ある人物が専制的に経営しなくてはならない」と持論の個人主義を返すと、渋沢は「才能ある人物が経営することはもっともだが、利益は出資者に還元すべき」と切り

替えす。これに対して岩崎は「合本法は理想論にすぎない、巨大利益が独占できるからこそ実業経営の妙味がある。堅苦しい話しはここまでにして二人で手を組まないか、そうすれば実業界は思いのままになる」と誘う。渋沢は断固拒絶する。岩崎が三菱財閥を形成し、渋沢が財閥をつくらなかった理由がここにあるとみてよい。両者はこの後親交なく、翌年2月には、渋沢は三井の益田孝をかついで岩崎独占の海運業に一撃を加える作戦に出た。

2−7　ロエスレルの商法草案と1890年の「商法典」

　当時まだ株式会社が何たるか理解されていなかった。たしかに国立銀行条例は有限責任制を明記し、株式の自由譲渡制を認め、取締役会ならびに株主総会を規定するなど株式会社の要件は備えていた。そのなかで、東京海上保険、日本鉄道、大阪紡績は見事な成功をおさめ、株式会社に対する認識は高まっていった。しかし、多くの会社は松方デフレの中で消えていった。

　明治政府は、会社制度の健全な発展を支える法律整備を急ぎ、ドイツ人ヘルマン・ロエスレルにわが国初の商法典の起草を依頼した。彼の草案は、「総則」（1条‐3条）、第一編「商ヒ一般ノ事」（4条‐887条）、第二編「海商」（888条‐1033条）、第三篇「倒産」（1034条‐1118条）、第四編「商事ニ係ル争論」（1119条‐1133条）の計1133条に及んだ。第一編には、商法総則、会社法、商行為法、保険法、手形小切手法を含む。この草案は、部分修正を加えられて、ついに1890年（明治23年）に公布された。株式

会社設立はロエスレル草案の準則主義から許可主義に変更となった。法典論争の結果、施行が延期された。1893年には、商法典の中の会社手形および倒産の部分のみが施行された。そして、1899年（明治32年）に新しい「商法典」が制定され、施行された。この中の第二編「会社」の第4章に株式会社法を定めた。会社制度の発展には、官許は不必要として、株式会社設立は準則主義に再転換された。

3 会社

3－1 福沢諭吉とcompanyの訳語

かつて、日本が農村社会のころは、全国津々浦々に鎮守の森があり、社（やしろ）があって、人々は何かあると集まった。日頃何気なく使っている「会社」という言葉は、もともと、会同結社の意味があり、同じ考えの者が集まって、社を結ぶのである。資金を集中し力を合わせて、営利を図るのである。会社という言葉は、福沢諭吉の『西洋事情』において初めて使用したと言われる。イギリスのcompanyの訳語であり、ラテン語のcumとpanisの合成語であり、共にパンを食べる仲間という語源がある。

3－2 会社組織とすることのメリット

さて、営利を図るには、会社組織にする必要は必ずしもない。

個人経営の商店やフリーでやっていくこともできる。しかし、失敗すれば、個人の家屋敷まで差し押さえられる。また、個人が有限責任と宣言したのでは誰も相手にしないだろうが、個人が集まった集団ならば有限責任であっても信用が増して取引相手として認めて貰える。

個人企業や組合ではなく、会社組織にする理由として、①事業展開の資金が集めやすい　②安定的な取引関係が組織的に維持できるが、個人では万が一の事故の場合、信頼関係にたった取引が継続しにくい場合もでてくる　③事業に失敗したとしても、株式会社という会社組織では経営者は全財産を投げうち、家族まで売って会社債務の支払に充てる必要がない、の3点があげられる。

一部に税金逃れ対策として会社制度を利用しているという批判がある。というのは、個人事業者への所得税率は最高37％であるが、法人税率は一律30％であり、会社組織にした方が節税効果が高い。さらに、家族を役員にすれば、所得が分散され、節税額が多くなる。

3−3　出資者の責任の取り方は有限か無限か

会社は、一般に、万が一の倒産の場合の株主の責任のとり方によって、つぎの2種類がある。

(a) 無限責任会社 ──

　　　　アンリミティド・ライアビリテイ (unlimited liability)

(b) 有限責任会社 ──

リミティド・ライアビリテイ（ limited liability ）
そして、3－4項の（1）と（2）が無限責任会社であり、（3）と（4）が有限責任会社である。

3－4　合名会社、合資会社、有限会社、株式会社

会社の経済上の信用の基礎が人にあるのか物にあるのかによって、人的会社 personal association か、物的会社 real association に分けることができる。合名会社と合資会社は人的会社、そして有限会社と株式会社は物的会社と言われる。

> 社員たる個人に重きを置く会社は対人信用を基礎とする、社員たる個人に重きを置かざる会社即ち原則として社員の地位を自由に譲渡しえべきものとする会社は会社の資本に重きを置くことなり（田中耕太郎〔1919〕『合名会社社員責任論』有斐閣）。

（1）合名会社（ unlimited partnership ）

2名以上の無限責任社員（会社倒産の場合、会社財産で償うことができなければ、個人財産も提供しなければならないという連帯無限責任をもつ）からのみ成る。社員の個性が尊重され、会社との関係が密である。各社員が業務執行権および代表権を有する。企業の経営と所有が分離していない。会社債務にたいして、社員は全責任を負う。社員の一人に返済能力がなければ、他の社員がすべてを被らねばならない。「会社財産を以て会社の債務を完済すること能はざるときは各社員連帯して其の弁済の責に任ず（商

法第 80 条 1 項)」。Limited partnership ではなく、general partnership である。連帯無限責任（joint unlimited liability）を持つのは、元々血縁関係にある者から合名会社が出来たからである。合名会社の構成員を社員（partner）という。誰が合名会社の社員になっているかが対外的な信用の基礎にあるから、他の社員の合意なしに持ち分を勝手に他人に譲渡できない（表 1 − 1 参照）。譲渡後も会社の債務について 2 年間責任を免れることはできない（同第 93 条）。我が国の監査法人は合名会社形態をとっている。古い酒造会社に合名会社が少なくない。

（2）合資会社（limited partnership）

無限責任社員（general partner）と有限責任社員（limited partner）から成る。経営にあたるのは無限責任社員である。有限責任社員は自らの出資額を限度に会社債務を弁済するだけでよい。会社の業務を執行したり会社を代表したりはできないが、業務に従事できる。

（3）株式会社

有限責任社員のみから成る。会社名は株式会社〇〇、〇〇株式会社となる。次節参照。

（4）有限会社

この会社組織は自然発生的に生まれたのでなく、1892 年にドイツ法学者の創案によって誕生した法律による。人的結合を重視する合名会社と有限責任制の株式会社の長所を取った会社である。責任は有限であるが、社員は互いによく知っている関係であり面

倒な総会を開く必要もない。産業勃興期のドイツの状況にかなった制度として有限会社は創設された。小資本、小人数で事業を行えるメリットがあり、我が国の渡辺鐵蔵教授（法科大学政治学科卒業、ドイツにて経営学を学ぶ。1919年東大経済学部設立時の初代教授、戦後は東宝社長、会長を歴任）などが導入を勧めた。

有限会社では、持ち分の譲渡の自由を原則として制限する。譲渡は他の社員に対しては任意にできるが社員以外には譲渡できない。また、社員の総数を50人以下に限定している。ここに有限会社の有限という名前のいわれがある。合名会社、合資会社と同様に社員を公募できない。

構成員相互の緊密な人間関係を保って事業を行うのであり、乗っ取りはありえない。アメリカには有限会社に相当する形態の会社は認められていない。歴史的には、株式会社の有限責任制とのメリットを中小企業も享受したいが同じ経営者同士の緊密な人間関係も守りたいという要望に応えて、1938年（昭和13年）に有限会社法という特別の法律が成立して、1940年1月1日に施行された。財務諸表の公開を要しない（閉鎖的）、社債発行はできない、取締役を少なくとも一人おかなければならない、および取締役の任期に制限がないことがその特徴である。

株式会社ではないので、有限会社は有価証券つまり株式を発行できない（有限会社法21条）。株式を発行するということは他人に譲渡する可能性を残すことになる。したがって、株式会社以外の会社は株式を発行できない。有限会社では第三者に対抗するた

めに、社員名簿を作成して会社に備え付けておくことが義務づけられている（同28条）。

表1－1　会社の諸形態

	＜有限責任会社＞		＜無限責任会社＞	
	株式会社	有限会社	合資会社	合名会社
法律	商法	有限会社法	商法	商法
出資者の呼び方	株主	社員	無限責任社員 有限責任社員	社員
資本金	1000万円以上	300万円以上	規定無し	規定無し
出資者数	1名以上	1名以上50名まで	2名以上	2名以上
最高議決機関	株主総会	社員総会	全社員の合意	全社員の合意
出資分の譲渡制限	原則自由	社員以外の譲渡には社員総会の承認が必要	有限責任社員の持分は無限責任社員の承認が必要	全社員の承認

3－5　会社の現状

我が国では、有限会社136万社、株式会社108万社と続き、合資会社と合名会社は非常に少ない（表1－2参照）。

合名会社および合資会社の形態は、少数である。特定の個人に権限が集中しており、また閉鎖的な組織になっている。万が一を考えると不安定な組織といえる。1932年（昭和7年）、当時の三井合名（1909年創立、三井家同族11名の無限責任社員から成る、

総領家 23％、本家（5 軒あり）11.5％、連家（5 軒あり）3.9％。三井銀行、三井物産、三井鉱山および三井倉庫の全株保有）理事長の団琢磨氏は右翼テロに暗殺された。これを契機に、そして国家的プロジェクトに応じるための巨額の資金手当のために、1940年に三井合名は株式会社に転換した。

表 1 － 2　会社の諸形態

株式会社	有限会社	合資会社	合名会社
1075881	1364219	28219	5220
(45.7%)	(52.8%)	(1.1%)	(0.4%)

（出所）国税庁（2000）『第 124 回国税庁統計年報 平成 10 年版』

　（練習問題 1）　無限責任会社におかねを貸すのと、有限責任会社におかねを貸すのでは、どちらが安全か。

　（略解）　無限責任会社。社長の家屋敷を売らせて債権の取り立てができる。社長は借金が残れば、残りを払い続けなければならない。有限責任会社ではそうでない。会社の資産がなければないものからはとれない。法律的には、社長は私財を投げ打つ必要はない。だからこそ、債権者は社長自身の個人保証を求めるのである。個人保証で借金をしてしまうと、株式会社の社長であっても返済しなければいけない。たとえば、1995 年にそごうの水島広雄会長は、錦糸町店の出店負担金を工面するために、「おれが担保だ」と公言して、日本興業銀行と日本長期信用銀行（現・新生銀

行）からの融資のうち、200億円を個人保証した。水島会長はこの個人保証した金額の返済に伴う私財差し押さえを免れるために、そごうの民事再生法適用申請から2日後の2000年7月14日に自分名義の預金や投資信託を解約して自宅に隠した疑いで警視庁捜査二課によって翌年5月に逮捕された（産経 2001.5.26）。

(練習問題2) 株式会社と有限会社を英語で書いてください。

(略解) 一般に、株式会社と有限会社を識別するような英語はない。人工的な制度である会社は国によって異なるから、翻訳は難しい。株式会社は一般的に、stock corporation と言う。とくに、アメリカは Inc.、イギリスは Co.,Ltd。イギリスでは、最近、公開企業の public の意味で plc を使う。株式会社の略語である K.K.○○を使えば、日本の株式会社であることは一目瞭然。

(練習問題3) 無限責任会社が経営破綻したとする。債務 20 億円として、パートナーの一方に財産がなければ、他方はどうしなければならないか。

(略解) 全額を払う責任がある。したがって、共同して無限責任会社を設立する場合は、相手の資産状況をあらかじめ調べる必要がある。貧乏父さんとは組まないことです。

3－6　社団法人と財団法人

日本には二種類の人がいる。生まれた瞬間から人格を認められ

た自然人および法律上で人格が認められた法人である（民法第2章法人）。法人とは、「法律上の人」の意である。法人は法律上の権利と義務を有する。自然人が物理的に寿命があるのに対して、法人には解散しない限り永遠不滅の存在である。法人を死刑にはできない。できるのは、解散させること（たとえば、商法第58条）。

さて、自然人が一定の目的をもって結合するとき、一個の別の存在が生じうる。これが社団（associate）である。社団に対して法律上の人格を与えたのが、社団法人である。これに対して、財団（foundation）とは、団体の基礎が人ではなく、財産にある。財団に法律上の人格を付与したのが、財団法人である。

社団法人は、会社のように営利を目的とするもの（営利法人）、日本赤十字社のように公益に関するもの（公益法人）および労働組合のように営利を目的としないが公益に関するものでもないもの（中間法人）の3種類に大別できる。法人としての最高意志決定機関は社員総会。

◎社団法人→根本規則は定款
　○公益社団法人 ── 民法で規定。ＪＡＦ（日本自動車連盟）、日本新聞協会、落語協会、日本赤十字社等。
　○営利社団法人 ── 商法で規定。株式会社、有限会社、合資会社、合名会社、相互会社（保険会社のみ）。
　○中間社団法人 ── 公益法人と営利法人の中間的な団体で、特別法のある場合に限り、認められる。労働組合、信用金庫、共済組合、協同組合等。

財団法人は、わが国現行法では公益法人のみが認められている。そして、学校法人、宗教法人、医療法人、社会福祉法人、特定非営利活動法人（ＮＰＯ）等は、財団法人に準ずる。財団法人では基本規則は寄付行為である。
　◎財団法人→根本規則は寄付行為
　　　民法で規定。日本相撲協会、日本オリンピック委員会、上月教育財団等。

3－7　会社は営利社団法人

　会社は営利社団法人である。会社とは、「営利」「社団」「法人」の三要素を法的に具備する。営利性とは、対外活動によって得た利益を構成員に直接に分配することであり、社団性とは共通目的をもって結合した二人以上の集団であり、法人性とは法律上の人格をもった組織である。つまり、会社とは、人の集合体たる法人であり、出資者（社員）の集まりである。会社と社員は全く別の独立した存在で、会社自身が権利能力をもつ。この結果、会社は自らの名称、財産、住所をもち、取引の主体となる。

　（練習問題4）　社団法人と財団法人の最も大きい違いは何か
　（略解）　社団法人は「総会を開くことを要す（民法第60条）」。財団法人には特段の規定がない。設立者が定めた寄附行為によって運営する。

貴重なご意見、ご質問に答えます（1）

Q．生命保険はなぜ株式会社形態になっていないのですか。

A．戦前は多くの生保が株式会社の形態をとっていた。異彩を放つのは第一生命であった。日本生命の保険医の経験があった矢野恒太（1865-1951）は、生命保険は株主の金儲けの手段になってはいけない、契約者第一に非営利で運営しないといけないとして、日本で最初の一番目の相互会社として1902年に第一生命保険相互会社を設立した。戦後の応急立法によって一万円以上の保険金支払いを生命保険会社は免除された。矢野は1951年に退職慰労金を受理しなかった。彼は契約者に迷惑をかけたとしての行動であった。なお、1904年には二番目の相互会社として千代田生命が慶応の卒業生でスタート。

　戦後、経済民主化の流れの中で、株式会社形態の生保は一斉に相互会社に転換。日本生命はその証として大阪・森ノ宮に持っていた自社野球場を「日生球場」として一般に開放した。

　なお、大同生命は国内初の生保の株式会社化を決意。2002年4月1日に株式会社組織に転換。相互会社だと返済義務のある基金の積み増し位しか財務的な補強の手だてがない。株式会社なら株式市場からの資金調達が図れる。株式会社化によって従来の契約者は契約者配当及び株式配当の両方を得る。株価という目に見え

る形で会社が評価されることを前向きにとらえた。

> **Q. 東京株式取引所が東京証券取引所の前身であるとすれば、なぜ株式会社を止めたのですか。**

A. 1963年に出版された『東京証券取引所10年史』を読むとつぎのように書いています。ロンドン株式取引所の規約を範として、米穀取引の慣行に影響を受けながら、1878年に東京株式取引所は設立された。①取引所の設立は、大蔵省の認可を得る特許主義による　②組織は株式会社組織　③仲買人として、株主以外のものを取引所の承認を受けて認める　④自己取引と委託取引の両方を行う　⑤売買取引は現場取引と定期取引　⑥定期取引は三ヶ月限月制　⑦定期取引における決済期日前の差金決済を容認　⑧売買証拠金は約定代金の5％。発足した東京証券取引所は、投機取引が横行し、取引所本来の業務である長期的な産業基金の企業への供給の役割を完全には果たせず、産業資金の供給は銀行に大きく依存する結果となった。

　第二次大戦中の1943年に東京株式取引所は、日本証券取引所に発展的に解消する。「決戦体制下における生産力拡充資金の動員のため株価安定・投機抑制を緊急の急務とするにいたり、ここに抜本的に機構を改革して実物取引本位の機構を確立し、よくその目的を完遂しようというもの（p.79）」。ここに株式会社組織の株

第1章　株式会社の誕生と発展　33

式取引所はその幕を閉じる。半官半民の特殊法人組織の証券取引所に転換した。

終戦後、ＧＨＱによって株式取引が禁じられたために、1947年に日本証券取引所は解散した。日本証券取引所の資産を受け継ぐ形で、不動産会社として再出発し、ここに平和不動産が発足。

その後、証券取引所再建の論議が高まってくる。遠山元一（げんいち）日興証券社長は、つぎの趣旨を語った。戦時中に所管が商工省から大蔵省に代わり、取引所の大改革が断行された。取引員たる證券会社は「官僚の理想の枠の中に入れられて全く手も足も出ぬ状況となってしまった（p.147）」。「戦争の最高潮時に神がかり的な観念論で改革された取引所法及び取引所機構が、平常時の常識に立返るべきは当然過ぎるほど当然の事と言わねばならぬ」。さらに、「今こそ我々は多年の宿願たる会員組織を実現すべき絶好無二の機会を捉えるべきである」と述べ、続けて「此の理想に進むことが、取引所という公共的機関としての一番自然への帰結である」とした。幣原内閣の金融制度調査会第五部会は、証券取引所制度改正要綱の第一において「新たに会員組織の證券取引所を設置し證券取引の民主化に資するものとす（p.148）」とした。

1949年4月1日、東京証券取引所は、会員組織として、理事長小林光次、理事会議長遠山元一で117社でスタートした。

Q．株式会社は代表取締役社長が二人の可能性はありますか。

A．「数人の代表取締役が共同して会社を代表すべきことを定むることを得」（商法第261条）。社長と言う言葉は商法にはない。勝手に複数の社長を作ってもいいが取引先に混乱を招くだろう。

Q．株式会社設立して三年、でも利益なし。どうしたらよいですか。

A．会社設立の原点に立ち返って、何をしたいのか、再考すべき。損得抜きにやりたいことがあれば、続けられるが、お金儲けでやったならあきらめるべき。三年すれば、何かの前兆は見えてくるはず。見えないなら止めるとよい。

Q．融資を受ける場合、銀行は代表者の個人保証を求める。どう考えたらよいのですか。

A．他人のお金を預かっている銀行の融資態度は慎重。個人保証させられるのが嫌なら、他の金融機関を捜すしかない。それでも個人保証を要求されたら、どうするかは貴方の判断。

Q．ソニーの自社株消却制度とはどんなことですか。

A．一株当たりの利益（＝利益／発行済株式数）を上げるには、2つの方法しかありません。分子の利益を増大させるか、分母の発行済株式数を減らすかです。自社株消却とは、自社株を買い入れてこれを消却し、発行済株式数自体を減らすことで、一株当たりの利益をあげようという手法です。

Q．株式会社がなぜ魔術か？その意図するところが今ひとつ理解できませんでした。（後記：この本の元になったビジネス・セミナーの題名は「魔術の王様、株式会社を考える」でした）

A．一般人の私が紙切れに何を書いても、何十億円も集めることはできません。しかし、株式会社では株券という紙切れと交換にいとも簡単に何百億円ものお金をただで集めることができます。これを株式会社の魔術と言わずしてどう言うのですか。

Q．実際に株式会社を設立するにはどのようにしていくのか、具体例をあげてお話してほしかった。

A．第二回目の講義のテーマです。

Q．ROEについて説明が欲しい。

A．第四回の講義で説明します。

Q．ストックオプションについてもう一度説明してほしい（二名）。

A．第五回の講義で説明します。

Q．現代的なキーワードをわかりやすく説明してほしい。

A．心がけます。

Q．アメリカに有限会社が認められないのはなぜですか。

A．アメリカでは日本のように最低払い込み資本金制度がありません。ＬＬＣを有限会社とする論者もいますが、間違いです。日本のように株主数に何ら制限がついていません。また、ＬＬＣの社員の少なくとも一人は無限責任を持っています。社員の死亡や破産によりＬＬＣは解散します。日本の有限会社とは違います。日本の一部の業者が「タックスヘイブン」であるアメリカ東部デ

ラウェア州でのＬＬＣ設立を呼びかけて関連業務の支援をビジネスとしています。その際、ＬＬＣを有限会社としていますが、有限会社ではありません。ＬＬＣは1977年にワイオミング州で石油会社に対して特別措置として認可され、その後全米各州で認められました。ＬＬＣ自体には課税されず、オーナーである社員に課税されます。二重課税がないことが最大のメリットで、人気が出てきました。

Q．会計学は芸術なのか、パチョーリとの関係等。

A．16世紀のイタリアルネッサンス時代の画家は、実は数学や幾何学ができた人たちでした。そうでないと、遠近感のある絵画を描くことはできませんでした。簿記と絵画には、「見たままに、あるがままに」記録し、描く点で共通点があります。現在の時価会計の論議は、企業の財務状態を正確に記録するか否かにあります。絵画の遠近法も、幾何学の知識を活用して、あるがままの風景を見たままに描く手法です。ドイツ16世紀の大芸術家、アルブレヒト・デューラーが、イタリア・ルネッサンスの絵画の秘訣が「遠近法」にあることを悟り、わざわざその神髄を学ぶために、アルプスを超えてパチョーリに教えを乞うたとは、興味深いことです。

Q．複式簿記の歴史はイスラム商人の記帳に求めることができると読んだが。

A．小島男佐夫先生の簿記論を大学二年生の時にとりました。先生の著書を開いて捜しましたが、イスラム商人は出てきません。ルネッサンスとは、文芸復興です。当時のイタリアの人々が、イスラムの書物からギリシャ・ローマ時代の文化を学んだことは事実です。アラビア数字で利益計算を記帳できても、ローマ数字ではなかなかできません。

Q．株主代表訴訟の本来のあるべき形と現行の乱用状態について。

A．問題発生時点で株主であった人物のみが提訴できるのが、本来の筋です。後から株主になったものは訴訟の権利はないと思います。大阪空港騒音訴訟の問題でも、騒音がうるさいことを承知で空港近くに移転してきた人が騒音訴訟原告となったことは納得がいきません。

Q．魚屋や八百屋を含めた中小企業は有限会社より株式会社とするのはなぜですか。とくに、設立が容易な有限会社にならずに株式会社とするのは何か有利な点があると思うのですが。

第1章　株式会社の誕生と発展　39

A. 株式会社の最低資本金は1000万円、有限会社のそれは300万円。700万円余分に払い込むことで、株式会社になると、社会的な信用が大きく上がる。市役所の出入り業者になるには、株式会社が有利らしい。

Q. 未成年が取締役経理部長として、手形を振り出せるのですか。

A.「未成年者が法律行為を為すには其法定代理人の同意を得ることを要す（民法第4条）」。「成人に達しない子は、父母の親権に服する（同第818条）」。「親権を行う者は、子の財産を管理し、又、その財産に関する法律行為についてその子を代表する（同第824条）」。親の同意の元で手形を振り出せる。

第2章　会社の診断書「財務諸表」

1　株式会社の設立

1-1　株式会社と資本金

　会計上の資本とは、資本金、法定準備金および剰余金に区分される。株主の責任が有限である以上、会社債権者の担保となるのは、会社財産しかない。債権者にとって会社財産のみが弁済の基礎となる。会社財産といっても現金で会社の大金庫に後生大事に保管されているものではない。会社の資産になったり、貸付金になったり、他社への投資に回ったりしている。

　商法上の資本（法定資本）とは、会計上の資本金を意味する。会社の事業のために株主が拠出した基金を示す一定の金額である。

　資本に関する原則として、資本充実・維持の原則がある。債権者のための担保が資本金である。資本金は会社財産確保のための最小基準金額であるから、資本金に相当する財産が現実に出資され（資本の充実）、かつ保持されていなければいけないこと（資本の維持）が要求される。

　資本金の額は、対外信用度、営業活動資金の潤沢度を示すもの

さしである。株式会社の資本金の金額は、原則として、株式会社が発行した株式の発行価額の総額である（商法第284条の2第1項）。なお、発行価額の2分の1を超えない部分の額は資本金に組み入れないことを認めている（同第284条の2第2項）。額面株式の一株の券面額は5万円以上でなければいけないし（同第166条第2項）、無額面株式の発行価額は5万円以上でなければいけない（同第168条の3）。1991年の商法改正によって、株式会社の資本金は1000万円に引き上げられた。有限会社の資本金は300万円に引き上げられた。これは万が一の場合に取引先への債務返済や従業員の給料に充てること、および節税目的による安易な会社設立阻止にある。

1－2　株式会社設立の要件

　株式会社の設立には1人以上の発起人が必要である。発起人は定款を定めなければならない。定款には、①目的、②商号、③発行株式総数、④額面株式発行の場合には一株の金額、⑤会社設立に際して発行する株式の総数、及び、額面、無額面の別および数、⑥本店所在地、⑦公告方法、⑧発起人氏名住所の計8項目を明記しなければならない（同第166条）。発起人は株式の引き受けと金銭の払い込み（出資）をしなくてはならない。発起人により引き受けられた一部の株式以外の残余の株式については出資者つまり株主を募集する。こうして集めた資金が資本金となる。資本金払い込みは銀行等の払い込み取扱機関でしなければならない。金

融機関から「出資払込金保管証明書」を取った段階で、もうこの資金は会社のものとなり、個人では引き出せない。

つぎに、発起人の議決権の過半数で、取締役（3人以上）、監査役（1人以上）を選任し、取締役の請求によって、裁判所で選任された検査役により、設立経過が調査される。本店所在地の法務局で登記をした日が会社が設立された日になる。

1－3　株式会社の3機関

（a）株主総会（意思決定機関）

「総会は本法又は定款に定むる事項に限り決議を為すことを得（商法第230条）」。

（b）取締役会（業務執行機関）

「取締役会は会社の業務執行を決し、取締役の職務の執行を監督す（同第260条）」。

（c）監査役（会計監査）

「監査役は取締役の職務の執行を監督す（同第274条）」

なお、株式会社は法人であり、生身の人間ではないので自ら判断できない。そこで、判断する機関として取締役会をおく。そして、株主総会で取締役を選任し（同第254条）、取締役会において取締役の互選で代表取締役を選任する（同第261条）。

1－4　株式会社

① 社員の地位が株式という細分化された割合的単位の形をとる。

株主は株式の保有者として会社に対して、諸々の権利を有する。たとえば、利益配当や総会での議決権は持ち株数に応じる。
② 　株式が自由に譲渡できる。
　株主は株式を好きなときに売り買いできる。
③ 　株主有限責任の原則を有する。
　つまり、株主の責任の範囲が出資額に限定されている。会社の債権者にたいして何ら責任をもたない。会社が倒産しても、負債額を弁済しなくてよい。また、出資を追加する義務をもたない。
　とくに、②と③は重要である。②は株式がいつでもA氏からB氏へと自由に譲渡できる点である。このために、証券取引所を設置して、投資資金を回収できるようにしている。③は、B氏はA氏から株式を購入する際に、万が一、この会社が破綻しても失うのは株式購入資金だけであり、それ以上の何物をも失うことはないことを知っている。それだけの範囲のリスクだからこそ、一般投資家が株式を購入するのである。資金は確かに設備購入に投じられて固定化されたけれども、投資家A氏はいつでも株式を売却して資金を回収できるのである。ここに、多数の人々から産業資金を集めることができる秘訣が隠されている。
　すなわち、株式会社は、一般大衆の投資資金を吸収し、企業の経営に用いるのに、最適の形態である。また、株式会社においては、企業の所有と経営の分離の傾向がいちじるしい。株式会社創設時には出資者が経営者であったけれども、次第に大会社になればなるほど出資者が経営に直接当たることは困難となり、取締役

という経営の専門家に委託することとなった。出資者つまり株主は株主総会を通じて特定の事項につき会社の意思決定に参加する。特定の事項とは、総会の決議事項たる計算書類の承認と取締役の選任である。業務執行と代表取締役の選定は取締役会が行う。

(練習問題1) ある会社では、社長の上に社主という地位をつくりたい。法律的に可能か。
(略解) 法律的には、社長も会長も社主も何の意味もない。意味があるのは代表取締役と取締役の肩書きだけである。
(練習問題2) 次の3名の社員の中でどの人が取締役になれないか。会長の17歳の息子、刑務所に服役中の男、破産者。
(略解) 破産者。

2　貸借対照表、損益計算書そしてキャッシュ・フロー計算書

　株式会社に限らず、一般に会社には財務諸表（financial statements）といわれる一群の会計記録が存在する。貸借対照表（balance sheet）、損益計算書（profit and loss statement）およびキャッシュ・フロー計算書（cash flow statement）が主たるものである。一般的に認められた一定の会計基準によって作成されている。

2－1　貸借対照表はダムの貯水量

　貸借対照表は、会社の決算書類のなかで最も重要なもので、決算時の会社の全財産の状況を示す。通常、決算期末は3月31日であるので、この時点での状況を示す。ダムの貯水量に似ている。

　左側（借方）は、資産の部で、「どんな形で財産を持っているか」を示す。現金、預金、受け取り手形、売掛金、土地や建物などの固定資産、投資目的の有価証券等がある。右側（貸方）は、負債・資本の部で、「財産をどのように調達してきたか」をあらわす。負債には、商品仕入れのために振り出した手形や買掛金、借入金、社債、退職給与引当金等がある。

表2－1　貸借対照表のひな型

借方	貸方
資　産 　流動資産 　固定資産 　繰延資産	負　債 　流動負債 　固定負債 資　本 　資本金 　法定準備金 　　1　資本準備金 　　2　利益準備金 　剰余金 　　1　任意積立金 　　2　当期未処分利益

　資本は、資産から負債を差し引いた残差として定義される。

$$資本＝資産－負債$$

したがって、必ず、次式が成立する。

資産＝負債＋資本

（1）資産

資産＝固定資産＋流動資産＋繰延資産

◎固定資産
・有形固定資産（建物、構築物、機械装置、車両運搬具）
・無形固定資産（営業権、特許権、商標権、地上権）
・投資その他の資産
　　　（子会社株式、1年超先に償還期限がくる長期貸付金等）

◎流動資産
・当座預金（現預金、一時所有の有価証券、受取手形・売掛金）
・棚卸資産（商品、製品、原材料）
・その他の流動資産（1年以内に期限がくる債権）

◎繰延資産

　財産的価値はないが、例外として記載される（商法第286条、287条、291条）。試験研究費、開発費、新株発行費、社債発行費、創立費、開業費、社債発行差金、建設利息。これらは、支出を行った期間にのみ費用を全額計上するのでなく、次期以降に繰り延べることにより、将来期間に費用を配分して、収益と対応させる。

　貸倒引当金は資産側に取立不能見込額（＝売掛債権の簿価－現金回収可能見積額）を控除する形式で計上される。

（2）負債

　負債＝流動負債（期間1年以内の短期の負債）
　　　　　＋固定負債（1年超先に償還期限がくる負債）＋引当金

引当金は法律上の債務でないが、例外として記載する（287条）。
（3）資本

$$資本＝資本金＋法定準備金＋剰余金$$

2－2　資本

　ここで、資本について説明する。資本は資金を提供した株主に帰属するので、株主資本と言われる。負債は返済しないといけないから、他人資本とも言う。資本は、資産から他人資本を引いた残余であるから、資本をあらためて自己資本とも呼ぶこともある。自己の自己とは、会社の意でなく株主の意である。したがって、会社経営者や従業員が勝手に使っていいものでない。アメリカでは shareholders' equity と言う。

　戦前の日本の銀行勘定では資本を株主勘定と明記していた（たとえば、西村勝太郎〔1937〕『銀行簿記』大同書院）。まさしく株主の持ち分であるからだ。それが1941年の統制経済下で消えたという。私益よりも公益優先のかけ声のもとに、会社の社会的な使命が説明されて、株主の地位が貶められた（谷村裕〔1981〕『株主勘定復活論』）。

　法定準備金について一言する。これには資本準備金と利益準備金がある。前者は主として株式払込剰余金である。額面株式および無額面株式の発行価額のうち、資本金に組み入れない額である。株式の発行価額の2分の1を超えない部分の額は資本金に組み入れないことを認めている。要するに、増資金額の半分を上限に、

資本準備金に入れることを商法は認めている。ただし、額面株式については券面額を超える部分、無額面株式については5万円を超える部分に限られる（商法第284条の2第2項）。企業側の要望に応える形で、資本準備金を原資として株式分割を実施する財源であることを認めている。

利益準備金は債権者保護のために商法によって強制されている準備金である。利益を源泉とする剰余金。利益準備金は資本金の4分の1に達するまで、現金配当および役員賞与の10分の1以上および中間配当の10分の1を積み立てなければいけない（同第288条）。むやみに株主に資金が流れるのを防止し、債権者を守るためである。

剰余金は、資本のうち資本金および法定準備金の合計額を超える部分である。剰余金の合計部分が配当の上限である（同第290条）。商法は、資本金と法定準備金からは配当を認めない。剰余金のうちの任意積立金は、定款の規定や株主総会の決議などで会社が社内留保した金額を言う。

2－3　損益計算書はダムの入水量

損益計算書は、ある期間（1年）におけるすべての収入と支出、その差額としての利益（損失）を表示し、会社の事業活動によりどのくらいの儲けをしたかを示す。営業利益（operating profit）は企業が本業でどのくらい儲けたかを示す。**経常利益**は営業利益に営業外利益（金融収支での利益。受取利息と支払利息の差額、

受取配当金と支払配当金の差額、有価証券売却損益、支払割引料）を加えたもの。一般に日本では、企業の増益、減益とはこの経常利益の動きを指す。なぜなら、戦後の日本企業は、銀行からの借入金に依存する度合いが強かったから、支払利息の負担は大きく、営業利益よりもむしろ経常利益の方が企業の正常な収益力を表すと考えられたからである。しかし、今日では、少なくともトヨタやソニーの連結損益計算書には経常利益は表章されていない。

　税引き前当期利益（net profit）とは、経常利益に、特別利益を加えたものである。特別利益とは、臨時的な土地売却損益や投機的な株売却損益、あるいは小会社整理損益、積み立て年金不足額、退職金不足額等を加えたもの。ここから法人税・住民税・事業税を減ずれば、当期純利益が求められる（図２－１参照）。

図２－１　営業利益・経常利益・当期利益

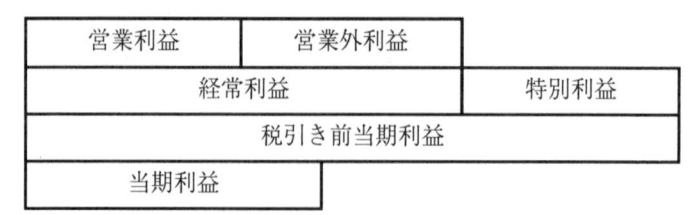

営業利益	営業外利益	
経常利益		特別利益
税引き前当期利益		
当期利益		

２－４　キャッシュ・フロー表で手元現金を確かめる

　2000年３月期決算から連結キャッシュ・フロー計算書が公開企業に対して義務化された。**「利益は見解の問題、現金が現実」** と言われるように、帳簿上は黒字決算でも手元に現金がないと資

金ショートを起こして倒産してしまう。キャッシュ・フローが真の企業の実力を示すという意味である。手持ちの現金は、恣意性がなく絶対的な安定感を与える。「入ってくる以上のオカネを使い続けることはできません」とのマツダの専務の言葉は印象的である（『週刊東洋経済』、1999.4.10）。キャッシュ・フロー計算書はアメリカが先駆者であり、すでに1978年にＦＡＳＢ（アメリカ財務会計基準審議会、ファスビと読む）基準書第95号によってキャッシュ・フロー計算書の開示義務が課せられるようになった。

キャッシュ・フロー計算書において、資金を「現金および現金等価物」と定義する。現金とは、手持ち現金および要求払い預金を言う。現金等価物とは、容易に換金可能で価値が安定的な短期投資であり、満期または償還まで3ヶ月以内の定期預金、譲渡性預金、コマーシャル・ペーパー、公社債投信などがある。そしてこの資金の変動を「営業活動」、「投資活動」および「財務活動」に三分して把握しようとする。

（１）営業キャッシュ・フロー

キャッシュ・フローの基本は会社の本業である営業活動についてのオカネの出入りを示す営業キャッシュ・フロー計算書。税引き後の当期利益に実際の現金流出を伴わない減価償却費や為替差損を加え、支払手形・買掛金の増加分を加え（払うべきキャッシュがまだ手元に残っている）、受取手形・売掛金の増加分（まだその分だけ入るべきキャッシュが手元にない）を減じ、最後に退職年金費用を加える。営業キャッシュ・フローがプラスならばキャッ

シュが流入したことになって、営業活動は正常と言える。
(2) 投資キャッシュ・フロー

　投資キャッシュ・フローは、①設備投資などの固定資産取得の支出、同売却収入、②有価証券（短期投資向け）取得の支出、同売却収入、③投資有価証券（長期投資向け）取得の支出、同売却収入、④貸付け金支出、同返済収入。①については、設備拡張投資と設備取り替え投資に区分できる。設備投資に積極的な企業ならば、資産売却をしない限り、設備投資がふくらんで投資キャッシュ・フローは、マイナスとなろう。投資キャッシュ・フローを改善させようと、設備投資を過度に抑制すると、将来の収益力が低下することになる。

　もしも営業キャッシュ・フローのプラスが投資キャッシュ・フローのマイナスを上回れば、資金面に余裕が出て、債務の返済や自社株消却にあてることが可能となる。

(3) 財務キャッシュ・フロー

　財務キャッシュ・フローは、資金繰りの状況を示す。株式発行による収入、自己株式取得による支出、配当金支払い、社債発行による収入、社債償還支出、借入金収入、借入金返済支出。これがプラスならば、キャッシュが手元に入ってきたことを意味するし、逆にマイナスならば借入金返済や社債償還あるいは配当金の支払いでキャッシュが出ていったことを意味する。

　営業キャッシュ・フローと投資キャッシュ・フローの合計がマイナスならば、これを補うために借金をしたり、増資を行ったり、

社債を発行する場合もあろう。要するに、手元にキャッシュが入ってきて、財務キャッシュ・フローはプラスになる。実際、ソニーの2001年度決算（表2－2参照）では営業キャッシュ・フロー5448億円を投資キャッシュ・フローのマイナス7190億円が上回っているので、キャッシュが流出する事態となっている。このために、借入金を取り入れて財務上のバランスをとっている。財務キャッシュ・フローは1344億円のプラスとなっている。

　反対に、営業キャッシュ・フローと投資キャッシュ・フローの合計がプラスになるならば、手元キャッシュに余裕が出るので、借入金返済や自社株購入が可能となり、財務キャッシュ・フローはマイナスとなる。実際、ソニーの2000年度決算では、営業キャッシュ・フロー5795億円が投資キャッシュ・フローのマイナス4499億円をカバーしているので、キャッシュが手元に残ることとなっている。このために、借入金を返済して財務上のバランスをとっている。財務キャッシュ・フローは681億円のマイナスとなっている。要するに、財務キャッシュ・フローは、会社全体の資金の調整弁の役割を担っている。

（4）フリーキャッシュ・フロー

　キャッシュ・フローが潤沢になると、新規事業のための設備投資を積極的に推進できる他に、自社株購入が可能となる。豊富なキャッシュ・フローを放置しておくと、企業買収の的にさらされる可能性が出てくる。もっとうまく活用すれば収益が増加するという考えである。フリーキャッシュ・フロー（ＦＣＦ）は、文字

通り自由に使えるキャッシュの意味である。ただし、FCFの定義は論者によってまちまちで確定していない。最大公約的には、

FCF＝営業キャッシュ・フロー
　　　　　　－現在の事業維持のための設備投資　（1）

となる。FCFは現状維持のための設備投資を控除したうえでの余剰である。より実務的には、次の簡便な定義もある。

FCF＝営業キャッシュ・フロー＋投資キャッシュ・フロー　（2）
表2－2のFCFは、（2）式による。

表2－2　ソニーの連結決算2000および2001年度　（単位億円）

	2000年度	2001年度
営業キャッシュ・フロー	5795	5448
投資キャッシュ・フロー	-4499	-7190
（固定資産純投資）	(-3739)	(-4413)
FCF	1296	-1742
財務キャッシュ・フロー	-681	1344
為替相場変動による現金・同等価物への影響	-276	210
現金および現金同等物の増加額	339	-188
現金および現金同等物の期首残高	5922	6261
現金および現金同等物の期末残高	6261	6072

（出所）www:sony.co.jp/SonyInfo/IR/Financial/
　＊カッコ内の数値は、固定資産純投資額。

企業経営者はFCFの使い道に知恵をしぼる。借入金の返済、株主還元策としての自社株取得や配当金増加、あるいは新規事業投資やM＆Aがある。逆にFCFが赤字ならば借金をするか手元

資金を取り崩すしかない。企業が拡大する時期はFCFが赤字になろうが、いつまでも黒字に転換しなければ不採算事業となる。現金を生まない事業は捨てるしかない。雇用を優先してきた企業のなかには、FCFが少々赤字でも目をつむってきた場合もある。

なお、しばしば企業価値を測定する場合に、FCFの流列の現在価値が用いられる。企業が毎年生み出すFCFがマイナスならば、事業活動の現状維持すらできない。巨額の設備投資は実を結んでいないことになる。設備機械は巨大な不良資産と化していることになる。

表2-3において、現金および現金等価物の期末残高から期首残高を控除したものが、現金および現金等価物の増加額となる。

表2-3 キャッシュ・フロー計算書の枠組み

・営業キャッシュ・フロー計算書
・投資キャッシュ・フロー計算書
・財務キャッシュ・フロー計算書
・為替相場変動の現金・同等価物への影響額
・現金および現金等価物の増加額
・現金および現金等価物の期首残高
・現金および現金等価物の期末残高

(練習問題3) 売れたのに一年以上も入金のない不良債権2000万円、仕入れても売れずに倉庫に眠る不良在庫800万円。これらを会計上どう見なしますか。

(略解) 損益計算書ではこの不良債権は売上に計上され、この

不良在庫は費用にカウントしないから、いずれも表面的な利益は多い目に計上される。しかし、不良債権や不良在庫が資金繰りを圧迫し、黒字倒産に到らせるかもしれない。キャッシュ・フロー計算書の考えによれば、不良債権は売掛金の増加、不良在庫は棚卸し資産の増加として、いずれもキャッシュの減少とみる。

（練習問題4）　売掛金の時効は1年。あるセールスパースンが1年と3日目に思い出して取引先に行き、無事に資金を回収した。なぜ、うまくいったのか。
　（略解）　相手が「時効だから払わない」と言わない限り、請求できる。

（練習問題5）　粉飾決算のやり方が大きく二つあります。貸借対照表で説明して下さい。
　（略解）　結局、借方の資産を実際よりも大きく見せるか、あるいは貸方の負債を実際よりも小さく見せるかです。
・資産を大きく見せるトリック
　①売上を架空計上して、売掛金を資産として計上する。②売れない商品を売れたように売掛金に計上し、商品自体を自社倉庫から別の倉庫に隠す。③棚卸資産を過大に計上する。
・負債の一部を未計上にする（簿外債務）トリック
　①経費の一部を未計上にする。②完成した工事原価の一部を工事半ばの工事の原価に付け替える。③減価償却費の一部を

計上しない。④デリバティブ取引での巨額損失を簿外処理する。

(参考資料)『週刊東洋経済』1999.4.17

2－5　単独決算から連結決算へ

　2000年3月期から全面的に連結決算が財務諸表の核心となった。連結ベースで見なければ、企業の実態はわからない。企業グループ全体の経営戦略は見えてこない。親会社が支配力を駆使して、子会社を利用しての利益操作を行った場合、単独の財務諸表は粉飾されたものとなる。また、純粋持ち株会社の場合、傘下会社からの配当が主たる収益であるので、単独で見てもあまり意味がない。そこで、子会社の定義は従来の「親会社の持ち株50％支配力基準」から取締役会の人的支配など「実質支配力基準」に変更されて、子会社の範囲が拡大した。

　表2－4を見ると、阪急電鉄は関連小会社が負債を抱えているので、連結で見ても資本はあまり増えていない。親は良いが、子供は悪いことが明らか。しかし、これは親の責任。

　日本は従来単独決算が中心であった。連結中心のアメリカに比較することは困難であった。しかも日本には、含み資産という不透明な部分が許されていた。今後は透明さを兼ね備えた財務諸表でないといけない。具体的な共通の制度に立って財務諸表を開示しなければいけない。企業情報の国際間の相互比較に耐えられることが、今後の企業評価では不可欠である。国際会計基準（International Accounting Standard）が設定される由縁である。

表2－4　阪急電鉄の単独決算と連結決算 2000年3月期

＜従業員＞
　単独　4345人　　　連結　16042人
＜主要部門　人員と売り上げ＞
　運輸 8396人　不動産 352人　レジャー 5138人　その他 2156人
　1699.7億円　　734.45億円　　1282.91億円　　　　780.99億円
連結子会社　53社

＜貸借対照表（単位億円）＞

	資産	流動資産	固定資産	負債・資本合計	負債	資本
単独	7654.97	1583.20	6071.77	7654.97	6094.37	1560.60
連結	13530.80	2926.78	10604.02	13530.80	11789.70	1644.40

＜損益計算書（単位億円）＞

	営業収益	営業費用	営業利益	経常利益	税引前当期利益	当期利益
単独	2352.59	2028.77	323.82	201.96	99.86	62.67
連結	4273.75	3928.40	345.35	171.79	252.77	90.22

2－6　金融制度改革（金融ビッグバン）と会計ビッグバン

　1996年11月に橋本内閣は証券市場活性化を目的として、金融ビッグバン断行を決意。証券市場活性化には投資家が自己責任で投資を行うことが前提となる。そのためには、投資判断を下すに十分な情報が得られなければいけない。証券をリンゴにたとえる

ならば、りんごを売るとき、一部腐っていたら腐っていることを正確にディスクローズすれば売ることは一向に差し支えない。そうした欠陥を知りながら証券会社は発行会社と引き受け価格の交渉に入り、決められた公募価格で買うか買わないかは一般投資家の判断に委ねる。企業情報開示（ディスクロージャ）が要請される理由はここにある。海外からの投資を考慮すれば、国際的に見て遜色のないディスクロージャの内容を持たないといけない。日本だけが見ているのでなく世界が見ている。

　会計ビッグバンとはこうした背景を持つ。日本独自の会計基準をすてて、国際会計基準を導入しなければいけない。ビッグバンの内容は、連結会計（前項参照）・時価会計である。その採用は、財務諸表に新しい観点を与える。

2－7　簿価から時価会計へ

　債権者重視の商法会計では、簿価を上回る含み益を時価評価してしまうと、この利益が配当として社外に流出してしまい、債権者に対する担保力を弱体化させることになりかねないとみなした。そこで、商法は原価主義を守り続けた。しかし、逆に時価が下落した場合には、含み損は表面化しないことになる。この会計制度が日本の会計・監査・開示制度に対する内外の信頼度を大きく損なう結果を招いた。橋本内閣の金融ビッグバンは、会計のグローバル化を強力に推進させた。

　2001年から売買目的で所有する金融商品（流動資産勘定に計上）

は期末時価で評価され、簿価との差額は損益計算書の営業外収支に計上されることになった（表2－5参照）。2002年からは、固定資産に計上された持ち合い株式も時価計上することになった。簿価との評価差額が株主資本に加えられる。こうして、決算期末に新しい時価が新しい簿価となり、貸借対照表は市場価格を反映する。含みは徐々に存在しなくなる。土地や設備機械などの資産の時価評価もいずれ実現の見通し。

表2－5　主要な会計制度の変更

2000年3月期	連結の範囲に実質支配力基準を導入
	連結キャッシュ・フロー計算書の導入
	税効果会計の導入
2001年3月期	退職給付会計の導入
	金融商品会計の導入
	販売用不動産の含み損処理の厳格化
2002年3月期	持ち合い株式の時価評価の導入

2－8　会計ビッグバンの柱

（1）退職給付会計

　退職給付会計は、大きく退職一時金および退職年金に分けられる。退職給付債務（従業員が退職したことに伴う計算上の退職一時金と退職年金の合計額）は、将来にわたる会社の巨大な債務である。いま全従業員が退職したとして支払うべき退職一時金と、

現在積み立てられている退職給与引当金の差額が不足額となる。退職一時金の評価は、3つの条件、つまり、割引率、退職時の給与水準そして勤続年数に大きく依存する。したがって、支払うべき退職一時金の評価額は確定的なものではない。

つぎに、退職年金についても、将来に支払うべき退職年金支払い額の現在価値と積み立てた年金資産（時価評価）額との差額を計算する。そして積み立て不足額があるならば、これを母体企業の貸借対照表で認識する。ここでも、退職年金の評価額は退職一時金と同じ3条件に依存する。日立製作所の場合、割引率を0.5％引き下げるだけで積み立て不足金額は約1000億円増えるという（日経、1999.9.21）。

（2）金融商品会計

客観的に時価評価できる資産と言えば、金融商品位しかない。そこで、議論の対象は金融商品となる。売買目的で保有している有価証券は時価評価する。小会社の株価が50％以上下がった場合には、減損処理する。子会社の株式の簿価を減額するとともに、損益計算書に評価損を費用として損失処理を行う。さらに、デリバティブといった金融商品では、約定時の取得原価はゼロ（現金の授受はない）だから、その後時価が変動して損失が蓄積しても取引の手仕舞いまで損失は表面化しない。このリスクは設備投資のリスクや在庫投資リスクの非ではない。物理的な制約がかからないし、限度がない。先送りして決済を引き延ばし、ついに損切りして、初めて莫大な損失を損益計算書に記録することになる。

そこで貸借対照表にデリバティブを時価評価して、その評価差額は当期の損益として処理する。

(3) 固定資産の含み損

金融商品のみ時価評価を行う一方で、有形固定資産を取得原価評価で残すと、貸借対照表に評価基準の異なる数値が混在することになる。このために理論的な整合性に欠けるという批判がある。といっても、固定資産はその使用を通じて企業収益に貢献するものであるから、金融商品の時価評価と同列には語れない。販売用の不動産市場において市場価値が大きく値を下げた場合にのみ、含み損を計上することになる。低価法と似た考えと見てよい。

売れ行き不振の商品の製造設備は、減損会計の対象に入る。たとえ1億円の機械でも今後見込める収益が3000万円しか期待できなければ、簿価は3000万円に引き下げられる。固定資産の減損会計である。販売用不動産と全く同じ会計手法を適用するのである。

(4) 税効果会計

そもそも税効果とは、収益や費用の増減は、税額の大きさに効果（影響）を与えることを指す。収益が増えれば税額は増加し、費用が増えれば税額は減る。当たり前のことである。

日本では、会計上の利益と税務上の利益に差がある。ここに、税効果会計の問題の発端がある。本来、会計上の決算利益を元に、法人税等の税金が損益計算書に記載されるべきである。欧米はそうなっている。ところが日本では、会計上の利益に税法特有の修正を加えて税務上の利益が算出され、これから法人税等が算出さ

れる。

　たとえば、収益30億円、費用28億8000万円の企業を想定しよう。この企業は、5000万円の不良資産に対して4000万円を貸倒引当金として計上して償却する。このうち、2000万円は税務上損金として認められない有税償却とする。会計上は、4000万円をすべて費用とみなしているから、会計上の利益は、8000万円（＝30－28.8－0.4）となる。しかし、貸倒となるまでは税務上の損金とはならない。税務上の利益は1億円（＝30－28.8－0.2）である。税額を50％とすれば税額は5000万円となる。会計上の税引き利益は、差額の3000万円となる。損益計算書上では、

①税効果会計適用なし

> 利益8000万円　税額5000万円　税引き利益3000万円

　しかし、これでは利益と税額が対応していない。利益8000万円で税率50％ならば、税額は4000万円となるべきだ。そこで、税額調整として－1000万円を付加すると、

②税効果会計適用あり

> 利益8000万円　税額5000万円　税額調整-1000万円　税引利益4000万円

　こうすれば、利益に対する50％課税の結果、税引き利益4000万円と表示できる。なお、表記は表記であり、現実は現実である。企業は税金を5000万円支払っていることに変わりはない。

次に、この貸倒引当金が税務的に損金算入を許される年度を考える。この年度の売上32億円、および費用30億4000万円とすれば、会計上の利益は1億6000万円となる。実際に貸倒が発生したならば、前に有税償却した2000万円は税務上の損金として認められる。税務上の利益は1億4000万円（＝32－30.4－0.2）で、税金は7000万円。このとき、損益計算書上での表記は、

③税効果会計適用なし

利益1億6000万円　税額7000万円　税引き利益9000万円

　しかし、これでは利益と税額が対応していない。利益1億6000万円で、税率50％ならば、税額は8000万円となるべきだ。そこで、税額調整として＋1000万円を付加すると、

④税効果会計適用あり

利益1億6000万円　税額7000万円　税額調整+1000万円　税引利益8000万円

　要するに、この企業の税引き利益は、税効果会計適用なしの3000万円と9000万円から、税効果会計適用ありの4000万円と8000万円に時間的に平準化されたことになる。税効果会計とは、会計における収益・費用と法人税法における益金・損金の認識の相違から生ずる一時的差違によって、損益計算上の税引前当期利益と法人税及び住民税額の関係が歪められることがないように、会計上

と税務上の違いを税金費用で調整しようとする会計手法である。一時的な税金の差異は、時間をかけてならされる。平松一夫教授によれば、欧米では税効果会計という英語はないとのこと。税効果会計が欧米ではごく当たり前に行われているから。

（練習問題6） 毎年、6月下旬には大企業の決算公告が掲載される。この法的な根拠は何ですか。

（略解） 商法。商法は大会社（資産5億円以上か負債200億円以上）には、貸借対照表および損益計算書の要旨も公告するように求めている（商法第283条および商法特例第16条）。また、商法はまだ連結開示を求めていないので単体開示が少なくない。

3　美津濃の財務諸表を読む

　商法と証券取引法により、上場企業は、決算日（3月決算企業では3月31日）から3カ月以内に株主総会を開かねばならない。株式会社は株主が払い込んだ資本を元に営利活動をしているので、1年間の業績を開示する義務がある。4月から決算書（財務諸表）作成にとりかかり、つぎに決算関係書類を利害関係のない第三者の会計監査人および監査役に提出して、監査を受ける。その後に株主総会を迎える。

　ここでは、夏の甲子園での全国高校野球大会の基礎を築いた水

野利八（1884‐1970）が創設したミズノの財務諸表を検討する。
　2000年度の貸借対照表を読むと、資産1699億円、負債846億円、そして資本853億円となっている。損益計算書では、経常利益35億円を上げているものの、退職特別加算金、貸倒引当金、年金会計および時価会計の前倒し処理等で249億円の特別損失を計上したために、税引き前当期損失は208億円となっている。さらに、税効果会計による法人税等調整額89億円を計上したので、当期損失は120億円に減少した。しかし、翌2001年度には、実力を発揮して当期利益を20億円にまで戻し、連結での当期利益を30億円とした。
　水野は1915年（大正2年）に関西学生連合野球大会を豊中グランドに関西一円の25チームを集めて主催。初日、母校関学中等部は市岡中学に2対1で負ける。1917年からは朝日新聞社の全国大会にしたいとの要請を水野が受け入れて、大会の主催権を放棄。朝日新聞社主催の全国中等学校優勝野球大会となる。そこで水野は会場を1919年から鳴尾グランドに移して、春の中学生野球大会を開催した。好投手内海寛を擁した関学中等部は二年連続優勝を飾る。この大会は、後にセンバツとなる。ボストンバッグ、カッターシャツ、そしてランニングパンツは当時の美津濃商店の独創商品。ボールの規格だけでなく、ボールの反発力の基準も水野利八氏の建言による。プロ野球の公認ボールはすべてミズノのテスト場でチェックされ出荷されている。「スポーツ産業は聖業」と、これを天職とした。（以上、『スポーツは陸から海から大空へ──

水野利八物語）

美津濃株式会社第87期決算公告（平成12年6月30日）

貸借対照表の要旨　　　　損益計算書の要旨

（平成12年3月31日現在）　　（平成11年4月1日から平成12年3月31日まで）

（単位：百万円）　　（単位：百万円）

科　目	金　額	科　目	金　額	科　目	金　額
（資産の部）		（負債の部）		営業収益	145,183
流動資産	78,101	流動負債	32,156	営業費用	142,175
現金預金	15,689	支払手形	564	営業利益	3,007
受取手形	7,621	買掛金	15,995	営業外収益	1,803
売掛金	27,504	短期借入金	1,869	営業外費用	1,281
棚卸資金	19,835	未払金・未払費用	6,460	経常利益	3,530
その他	14,079	未払法人税等	131	特別利益	628
貸倒引当金	△6,628	その他	7,134	特別損失	24,909
固定資産	91,778	固定負債	52,393	税引前当期損失	20,750
有形固定資産	41,022	社債・転換社債	25,297	法人税、住民税及び事業税	62
建物	26,564	長期借入金	14,950	過年度法人税等	100
土地	12,749	退職給与引当金	3,092	法人税等調整額	△8,885
その他	1,709	その他	9,054	当期損失	12,028
無形固定資産	860	負債合計	84,550	前期繰越利益	584
投資等	49,894	（資本の部）		中間配当額	398
投資有価証券	22,805	資本金	26,136	利益準備金積立額	39
子会社株式	9,783	法定準備金	35,375	当期未処理損失	11,882
その他投資	20,524	剰余金	23,817		
貸当引当金	△3,218	（うち当期損失）	(12,028)		
資産合計	169,879	資本合計	85,329		
		負債及び資本合計	169,879		

（注）　1．有形固定資産の減価償却累計額　24,172百万円
　　　　2．1株当たりの当期損失　　　　　　　90円53銭

第2章　会社の診断書「財務諸表」　67

4　公認会計士と税理士

　表2－6で公認会計士と税理士を比較した。会計士は文字通り会社の計算（書類）の専門家である。大企業相手である。税理士は税の専門家である。大企業や中小企業、商店相手である。節税のプロである。節税と脱税のスレスレを抜ける手腕がある先生ほど、評価が高い。実力次第で収入は月とスッポン以上の差が出る。お金持ちの相続の面倒をみると、報酬も多い。個人営業の税理士に対して、大手監査法人の高級サラリーマンとなるのが、公認会計士の先生である。

　税理士資格取得の裏技として、大学院表裏4年があった。商学研究科修士2年で必修2科目免除、経済学研究科あるいは法学研究科2年で税法3科目免除。しかし、来年度から、いずれのコースも一科目は国家試験合格が取得条件となった。

従来	会計2科目免除	税法3科目免除	税理士合格
2002年度以降	会計1科目免除	税法1科目免除	残り科目受験

表2−6　会計士と税理士の比較

項目	公認会計士	税理士
特徴	会計監査のプロ	税務（節税）のプロ
立場	会社と株主の間に立つ	顧問先の利益重視
戦前の呼称	計理士	税務代理士
勤務形態	大手監査法人中心	個人営業中心
認定	会計士試験合格	税理士試験合格 あるいは 税務署23年勤務、 会計士、弁護士も取得可
試験科目	（二次試験） 簿記論・財務諸表論・監査論・原価計算・商法の５科目、および経済学・経営学・民法から２科目選択 （三次試験） 資格―実務経験３年以上	（必）簿記論・財務諸表論 （選必）法人税法・所得税法 （選２科目）相続税法・事業税法・固定資産税法・住民税法・酒税法・消費税法・国税徴収法（法人税法と所得税法に合格すると、残り１科目）
科目認定	一回毎の一発勝負	合格科目を次回にまわせる
業務内容	財務書類の監査と証明 （企業の粉飾決算のチェック）	・税務代理、税務書類作成 ・会計業務代行 ・経営相談
顧問先	・資本金５億円以上の企業 ・負債200億円以上の企業 ・上場企業、登録企業 ・株主500人以上の企業 ・私立学校 ・労働組合 ・信用金庫、信用組合、労働金庫 ・１億円以上の増資・社債をおこなう企業	・個人 ・中小企業
顧問料（月）	31万円〜77万円	3.5万円〜4万円
現状	12168人（1999年3月現在）	63806人（1999年3月現在）
合格率	7.7%（786人／10265人受験）	2.0%（1052人／52477人受験） 女415人／14307人受験

貴重なご意見、ご質問に答えます（2）

Q．会計士や税理士などの実際の実務は何処で勉強できますか。

A．商学部、経営学部の会計関係の学科は会計理論中心です。資格取得をめざすならば、専門学校、簿記学校です。出題委員の先生のテキストを読むべきです。実際の実務は、ご自分の財務関係の仕事を誠実にやりながら、自然と身につくものと思います。

Q．会社の会計関連部署に異動してみたいと思ったら何をすればその実力がつきますか。

A．いったん組織に入ると、中での異動は上司次第。本人が決めるものでない。日頃から経理部門への異動の意思を上司にアピールするしかない。ただし、現在の仕事の手を抜かないように。

Q．100万円で株式投資したが、七年後に同じ金額のままで戻りました。このやり方、正しいですか。

A．この超低金利時代に、投資額が目減りもせず、そっくりその

まま戻ったのですから、ラッキーとも言えます。私など、企業が倒産して、保有株の一部は紙屑となりました。

> Q．貸借対照表、損益計算書のどの数字がよければ、儲かっているのですか。この関連でたとえば短期借入と長期借入がある場合、長期借入のある方がよいのですか。

A．貸借対照表では貸方の＜資本の部＞の剰余金に注目します。これは過去の利益の累積です。これがプラスなら儲かっていることになります。損益計算書では当期利益があれば儲かっていますが、当期損失とあれば損をしています。美津濃の場合、2000年度に当期損失が発生したために、剰余金を大きく食いつぶしました。また、利益と借入期間には直接的な関係はありません。ただし、「事業の運転資金は短期借入で、設備投資資金は長期借入」が事業展開の鉄則ですから、短期借入が多いのは業績の黄信号ですね。自転車操業の典型です。長期借入のある方がよい、正解です。

> Q．自治体等が出資した第三セクターの多くは経営破綻しています。なぜ破綻してしまうのですか。

A．設立当初の経営判断の甘さです。非営利団体だから損しても

よいのではありません。儲けてはいけないとは何処にも書いていません。

> Q．株式会社が欠陥商品で社会問題化したとき、損害賠償が請求された場合、どこまで賠償責任がありますか。アメリカの煙草会社やタイヤのファーイーストンなど。株主資本の範囲内で賠償して良いのですか。

A．株主資本全部をはき出しても、損害賠償に足りない場合は、会社倒産となります。かつて、チッソは水俣病患者から莫大な慰謝料を請求された。その金額は自社の支払い能力を超えていました。チッソ水俣工場がある熊本県は県債を発行して、これを政府が買い入れる形で補償資金を調達してこれをチッソに貸す形で、問題の円満解決を図るように努力しました。

> Q．401Ｋの導入は企業会計にどのような影響を及ぼしますか。

A．従来の確定給付の年金は、企業には負担でした。年金の元金をうまく運用して、退職者に決められた年金を払わなければいけません。不足分は企業が自ら負担しないといけません。401Ｋになると企業負担はありません。従業員が自主的に選んだ資産運用

ファンドに責任があります。運用実績が悪くても選んだ本人の責任です。会社の責任でありません。

> Q．LLCとは何ですか。

A．limited liability corporation の略です。

> Q．生命保険会社のなかで危ない会社はどこですか。日生、第一、住友あたりは大丈夫ですか。

A．生保はいままでに7社が破綻しました。激しいサバイバル競争が続いています。懸命の経営努力で未曾有の難関を各社とも切り抜けようとされています。上記三社をはじめ、明治、朝日、安田、三井、大同、富国、太陽の大手生保は、ソルベンシー・マージン（保険金支払余力）がすべて400％を超えており、少なくとも上記三社は大丈夫です。

> Q．生保の現状に鑑み、株式会社に転換して経営内容を一層透明化して、市場評価（株価を株式市場でつけてもらう）も必要です。先生はどう思われますか。

A．経営環境の厳しさを考えると、すばやい経営判断が可能な株式会社化は不可欠でしょう。矢野恒太の第一生命相互会社創業の精神を思い起こして、顧客第一、契約者第一に立ったマネジメントであってほしいと思います。

Q．連単倍率（連結決算と単独決算の各数値の比率、売上とか利益）はどの程度が適正でしょうか。

A．企業グループの実力を見るには、親企業の財務内容だけでなく小会社を含めたグループ全体で見るべきです。連単倍率とは、親企業の当期利益を分母にして、グループ全体の当期利益を分子とした比率である。連単倍率が高いとは、小会社ががんばっていて好業績をあげていることです。親会社の帳簿を操作して、赤字を小会社に押し付けては、連単倍率は低いものとなります。

Q．時価会計、不動産時価会計となると、実際問題として日本の株式会社の多くがしっかりとした決算が出来るのか、心配ないのか！！

A．ご心配は同感です。私はある大手ゼネコンの株式を保有しております。一時持ち直していた株価は、欧米流の会計基準を取り

入れたので、大きく値下がりしました。個人的にはどうあれ、国際的に見ても高品質の会計ルールを適用することが、今後の日本経済を考えると、不可欠と思います。1971年にニューヨーク証券取引所に上場するために厳しい会計基準の壁を乗り越えたソニーは、技術開発力もさることながら、自らにアメリカ基準の会計ルールを適用したからこそ、経営改善を続けて、国際企業になれたのです。

> Q．最近、竹中経済財政担当大臣をはじめエコノミストが貸借対照表から不良債権の数字をなくすることが経済を回復するための第一歩と言っています。実際どういうことをするのですか、貸借対照表はどうなるのですか、教えて下さい。

A．数値例で以下に説明します。ある銀行の貸借対照表がつぎの数値例とします。自己資本1000および受け入れた預金4000の計5000の資金を元手に、企業に事業資金を貸し付けている。土地を担保とした融資が1500、他の融資が3500の総額5000を貸し付けている。いま、この土地を時価評価すると、融資額の四割の600である場合、銀行の新しい貸借対照表はつぎのようになる。

借方		貸方	
融資（担保は土地）	1500	負債（預金）	4000
他の融資	3500		
		自己資本	1000
資産	5000	負債・資本	5000

自己資本比率20％

借方		貸方	
融資（担保は土地）	600	負債（預金）	4000
他の融資	3500		
		自己資本	100
資産	4100	負債・資本	4100

自己資本比率2.44％

　こんなことをやると、ＢＩＳ規制にひっかかって、国際業務（ＢＩＳ規制は自己資本比率８％以上）どころか国内業務（ＢＩＳ規制は同じく４％以上）もできないことになる。ニューヨーク支店の現地採用の嘱託行員がアメリカ国債の無権限取引を行い、約11億ドルの損失を被った大和銀行は、自己資本を大きく損ない、国内業務に専念せざるを得なくなった。銀行にとって担保物件の時価評価は恐ろしい。

第3章　株式市場とエクイティ・ファイナンス

1　我が国の株式会社の現状

1－1　会社の総数

東京、大阪、名古屋の各証券取引所には、第一部、第二部市場および店頭市場がある。上場株式数は、約3000億株。

表3－1　上場・公開会社

東証①	東証②	大証①	大証②	店頭
1474	581	885	375	87

（出所）日本経済新聞2001年6月28日

新規に株式が公開されるとはこれらの市場で広く一般の投資家に株式を開放することをいう。社長のプライベート・カンパニーから一般の株主が株式を保有するパブリック・カンパニーに転換する。株式公開とは、第一部あるいは第二部市場に上場されるか、店頭市場に登録されることを指す。上場・店頭登録された株を公開株、上場・店頭登録されていない株を未公開株という。

(練習問題1) 約110万社の株式会社のうち、上場あるいは店頭登録している企業は約3000社に満たない。残りの企業の株価はどう決められるか。

　(略解) 簡単な問題でない。上場・店頭登録している同業他社の株価を参考に決められることが多い。相続や贈与の場合に問題になる。

1－2　株式公開会社と上場・登録基準

　一般論として、いきなり、第一部市場には上場できない。第二部市場への上場審査は証券取引所、および店頭市場への登録審査はジャスダック（日本証券業協会）の、それぞれの決められた基準を満たすと公開できる。2000年の新規公開企業は、157社である。1999年は75社であった。

　上場への手続きは一定の審査基準をクリアーしたうえで、財務省の承認を得ることである。東証第二部および大証第二部の上場基準の概要は次の表3－2の通り。

　店頭登録株は、文字通り証券会社の店頭で売買される。店頭登録株は、登録の条件が第二部市場より緩い。つまり、株式数は100万株以上で、株主が200人ないし400人以上、資本金2億円以上、無配株でもよい。

　株式公開のメリットを考えよう。具体的には、資金を社会的に広く求められる、株式の流通性が高まる、会社の知名度が高くなる、などである。実際、上場した企業の社長は次のように述べて

いる。「出がうどん屋ですので、人材確保の面から上場を考えました。外食業は水商売感覚が残っていて、手に職をつけ、独立を志す人以外集まらない状況です。企業化していくためには定着率、企業帰属意識を高めるような社員構成にしたいと考えたのが最大の動機です（グルメ杵屋社長）」。「上場による知名度アップはむしろ副作用で、直接的には資金調達がメリットでしょう（ホソカワミクロン社長）」。「企業としての本格的な発展のためには資金調達による財務体質の強化が必要と判断し、上場に踏み切りました（松風社長）」（日経 1990.2.23）。

表 3 − 2　第二部市場の上場基準

基準	東証第二部	大証第二部
公開時株式数	400万株	200万株
資本	10億円	3億円
株主数	800人（株数1000万株未満） 1000人（1000万株以上2000万株未満） 1200人＋1000万株増毎に100人 ［上限2200人］	300人一定
設立後経過年数	3年以上	3年以上
利益	直前期4億円以上 2年前1億円以上*	直前期1億円以上
公認会計士監査	最近2年または3年間	最近2年間

＊あるいは最近3億円の利益額が最初の1年が1億円以上、直前期が4億円以上、かつ、3年間の利益総額が6億円以上
（出所）『会社四季報2001年春号』から抜粋・要約

1—3　非公開会社それぞれの理由

　企業は公開と同時にマイカンパニーからユアカンパニーになる。創業者の好き勝手にはできず、社会的な責任が問われる。公開しない企業のほとんどは、小規模な家族経営の企業が圧倒的である。

　しかし、大企業でも、非公開会社は少なくない。株式が買占められて会社が乗っ取られる可能性が出てくる、会社の経理を公開しなければならない、報道の自由が保てないなどの理由による。日刊新聞各社、小学館、ロッテ、ＹＫＫ、日本コカコーラ、サントリー、日本ＩＢＭ、リクルート、西武、竹中工務店などがある。

　「人間尊重」、「大家族主義」を標榜し、組合も定年制度もない異色経営の出光興産は、2005年をめどに株式の公開を決定した。万が一株式会社が倒産しても、経営者は有限責任制によって破産の責めにあわないから、「株式会社は資本主義の最もずるい形態」と、創業者の故・出光佐三氏は断じていた。しかし、2兆円という巨額債務問題の解決には、株式公開しか手だてがないと経営陣が選択したのである（日経2001.6.4）。何しろ、佐三の長男昭介氏は2000年まで、資本金10億円の4割をもつ唯一の個人株主であった。

2　株式

2－1　株式の額面は50円、1982年以降は5万円

　会社は額面株式もしくは無額面株式またはその双方を発行できる（商法第199条）。額面株式とは、一株の金額の定めがあり、株券に券面額の表示された株式を指す。1899年の旧商法からすでに額面価額が50円（全額払込では20円）であるのはおもしろい。

　1950年の商法改正で、無額面株式が導入された。「額面×株式数＝資本金」でなくてもよいことになった。無額面株式には金額の表示はない。多くの会社は額面株式を発行しているが、これは歴史的に額面株式が先に認められていたからにすぎない。株式分割の際に額面株式には大きな難点が生ずる。商法上の制限から、会社の一株当たり純資産が額面価額を下回ることは許されない。資金調達に支障が出る事態を招く可能性がある。むやみに株式分割はできないことになる。しかし、無額面株式にはこうした制限はない。また、資本金に組み入れる金額は、無額面株式の場合、一律に発行価額の半分以上である。額面株式の場合、少なくとも額面価額は組み入れなければいけない。こうした事情から、無額面株式は使い勝手がよいとして、多くのベンチャー企業は無額面株式を発行することになる（表3－3参照）。

　額面価額に関して、大きな変更点があった。1981年商法改正により、翌年の同法施行後に設立される会社は額面一株5万円以上となった。同じく、既存の会社に対しては、単位株制度（50円額

面の株式であれば、1単位の株式数は千株でなくとも、百株でもよい）導入を認めた。上場企業の多くは額面価額を従来通りにして変更せずに、単位株制度に踏み切った（表3－4参照）。

表3－3　株式の額面別の上場会社数

額面	市場一部	市場二部	マザーズ	合計
無額面	11	4	9	24
20円	4	…	…	4
50円	1394	565	4	1963
500円	23	5	…	28
5000円	7	2	…	9
5万円	8	3	16	27
合計	1447	579	29	2055

（出所）『東証要覧2001』p.79
注）マザーズは、1998年に小さく産んで大きく育てたいという願いを込めて東証が創設した新興企業向けの新市場である（第4章1－2節参照）。

表3－4　1単位の株式の数別の上場会社数

一単位の株式数	市場一部	市場二部	マザーズ	合計
単位株制度適用なし	16	5	24	45
10株	3	3	…	3
50株	1	…	…	1
100株	257	95	…	352
500株	23	21	…	44
1000株	1146	458	5	1609
3000株	1	…	…	1
合計	1447	579	29	2055

（出所）『東証要覧2001』p.79

（練習問題2） 優先株と劣後株の違いは

（略解） 優先株は、普通株に比して利益配当が優先される。普通株に配当が出なくとも優先株には配当が出る。その代わり、議決権はない。銀行に対する公的資金投入は、銀行の優先株を政府が購入する形で実施された。財務内容に改善が見られなければ、政府は優先株を普通株に転換請求して、議決権を背景に経営責任追及などの圧力を加えることができる。反対に、利益配当面で不利な扱いになるのが劣後株（後配株とも呼ぶ）。神戸電鉄は1952年と1963年の二回、三木から小野・粟生までの路線延長、神戸高速新開地乗り入れ、有馬線複線化などのために劣後株を発行した。1963年増資では阪急電鉄が2億円の劣後株を引き受けた。

2－2 株主の権利

株主の有する権利・義務は、その持株数に応じて平等である。主として、次の3つがある。

①利益配当請求権 —— 配当金を受け取る権利

②議決権 —— 株主総会に出席して、経営方針を採択したり、新取締役・監査役を選挙したりして、会社の経営に間接的に参加する権利

③残余財産分配請求権 —— 会社が行き詰まって解散する場合、株主は会社が借金を全部返却してなお財産が残ったら株数に比例してこれを受け取る権利

株主の他の権利の中には、発行済み株式総数の一定の保有を前

提として、次の権利がある。

④株主総会の招集請求権および取締役等の解任請求権

　発行済み株式総数の3／100以上が条件

⑤会計帳簿閲覧請求権

　同じく、1／10以上

⑥累積投票請求権 —— 複数の取締役を選任する場合に、選任すべき取締役数と同数の議決権を累積的に一部の候補者に対して集中的に投票することを決め、その得票順に順次決められた員数まで当選者とする。多数派の横暴をおさえる。少数派も持株数に応じて取締役を選出できる。

　同じく、1／4以上

2－3　名義書換え制度

　株主にたいする通知は、株主名簿に記載した株主の住所または株主が会社に通知した住所宛に連絡する。その住所に5年間連絡がつかない場合には、会社の株主にたいする連絡を要しない。さらに、株式の移転は株式名簿に取得者の氏名と住所を記載（名義書換え制度）しなければ、これをもって会社に対抗できない。

　会社は定款によって名義書換え代理人をおくことができる。この代理人が株式名簿の複本に株式の取得者の氏名と住所を記載したときは、名義書換えがあったものとされる。日本ではほとんど信託銀行が代理人となる。会社は代理人に株式の発行、総会の召集の通知、配当金の支払いを委託する。

2－4　株式譲渡の制限

　株式の譲渡とは、売買その他の法律行為によって株式を移転することを言う。株式は有価証券たる株券に表章されるから、株券の交付によって株式譲渡の効力が生ずる（商法第205条）。株主は自由に株式を譲渡できる（同第204条1項）。しかし、つぎの場合には株式譲渡の自由が制限される。

（1）株式の発行前には、勝手に譲渡しても会社にたいして対抗できない（同第204条の二）。

　会社は成立後又は新株の払込期日後遅滞なく株券を発行することを要す（同第226条）。しかし罰則規定はない。そこで、会社によっては株式の自由な譲渡を阻止するために株券を発行しない場合がでてくる。株券の発行は遅滞なく速やかに行われるのであるから、不当に遅らせた場合を除いては、それ以前に株式を勝手に譲渡しても会社には対抗できないという意味である。

（2）会社は自己株式を所有してはならない（同第210条）。

　これは、会社が自分自身を支配できないことを意味する。株式会社の本質は広く社会全体から資本を集めることにあるから、自己株式の保有は、この株式会社の本質に矛盾することになる。自己株式の売買により株価が操作され、インサイダー取引を生むことになりかねない。一般投資家が犠牲になって、一部の会社幹部が儲けることになれば問題である。さらに、会社の支配権が会社の経営者層に牛耳られることにもなる。1991年に摘発されたイトマン事件では、当時の社長が部下に指示してダミー会社を通じて、

828万株の自社株を会社の資金約103億円を使って取得した容疑で、商法違反（自社株の取得の禁止）に問われた。
（3）特別法上の制限がある。

　日刊新聞紙では編集権の独立を守るために株主譲渡が制限される（日刊新聞紙の発行を目的とする株式会社及び有限会社の株式及び持分の譲渡の制限等に関する法律第1条）。また、金融を営む会社は、国内の会社の発行済み株式総数の5％を超えて保有してはならないし、保険会社は10％を超えて保有してはならない（独占禁止法第11条）。

2－5　自社株消却・ストックオプション・金庫株

　自己株式の所有について、補足する。アメリカでは自社株の買い戻しができる。数年前、ＩＢＭ社は自社株取得に100億ドルを投じた。ＧＥ社も100億ドル以上を投じた。今年の種もみを食べると翌年にまく種がなくなって収穫が期待できないように、会社が資金を設備投資に回さずに、自社株買いに走ると、将来は危ういとは言えないだろうか。アメリカでは、自社株が下落すると会社自体が利益をつぎこんで自社株を買い支え、相場を下支えするパターンを繰り返してきている。

　日本でも1994年から自社株消却を認めた。当初は配当可能利益の範囲内という制限つきながら、1997年には自社株取得決定が株主総会から取締役会での決議でよいことになり、使い勝手がよくなってきた。1995年から1999年にかけて31億株、2兆4860億円

の自社株購入があり、上場企業の2割に当る469社にのぼった。自社株消却は建て前は株主還元策の一環として行われる。つまり、自社株消却で発行株数が減少し結果的に株価に上昇余力が生まれる理屈である。実際、トヨタは1996年から1億8500万株、計6500億円を買入れ消却した。2001年7月には1500億円を上限に自社株消却を発表した。ピーク時の株数から、累計で5.6%を消却することになる（日経、2001.7.26）。松下電工は今後三年以内に発行済み株式数の7％に相当する約五千万株の自社株消却の方針を決定（日経、2001.1.30）。通販のシャルレは「分割、復配などの幾つかの株主還元策の中から自社株消却を選択」と答えている。

　自社株消却は、株価形成にとって、理論的には中立的と言われる。株数が減少する分、株価上昇要因だが、消却には自社資金を投入してその分手持ち資金がなくなるので、株価下げの要因となる。データから見る限り、消却は経営者の積極的な株主重視を示していると投資家がみているのか、全体に株価上昇につながっている。

　自社株をあらかじめ決めた株価で購入できる権利を与える報酬制度がストックオプション。1997年にはストックオプション関連法案が成立。ストックオプションのために自社株の取得が可能となった。2000年3月までに381社（上場200社、登録181社）が採用。シアトルを本社とするスターバックスコーヒーは、アメリカ企業初の試みとして、パート従業員にまで、基本給の14％がストックオプションとなる権利を与えている（日経2000.11.3）。

第3章　株式会社とエクイティ・ファイナンス　87

2001年秋には金庫株（使途を限定しない自社株取得・保有）が解禁される。当面は金庫株の取得金額は配当可能利益の範囲にとどめる。どんな目的であっても自由に自社株を取得できることになる。

2－6　株式の売買と税制

　原則として、額面50円の株式は1000株単位、500円株は100株単位、5万株は1株単位で売買される。売買の指示には、指し値と成行きがある。売買成立4日目に決済する。売買成立日が1日ならば4日に受け渡しを行う。ただし、証券会社が休みの日を数えない。休日は、土曜、日曜、祝日、振替休日、12月31日、年始3日間。株式の売買時間は取引所の立会い時間の午前9時－午前11時（前場、ぜんばと読む）と午前12時30分－午後3時（後場、ごば）である。年末の納会日と年始の発会日は午前のみ。しかし、1998年から状況が一変した。時間外取引および取引所外取引が認められ、取引所の脅威となってきた。

　株式売買時には証券会社に手数料を支払い、売却時に国税としてキャピタルゲイン課税がかかる。株式売買委託手数料は1999年10月に自由化された。最低の手数料はある新興証券会社の1000円。有価証券取引税は1999年に廃止された。キャピタルゲイン課税として、次の二方式のいずれかを選択できる。（1）源泉分離を選択すると、売却代金の1.05％が税金として天引きされる。（2）申告分離では譲渡益の26％を税金として確定申告で納める。損した

場合に、申告分離を選択すると、税金がかからない。取引毎に選択できるので、儲けた場合は源泉分離、損した場合は申告分離が圧倒的。政府は申告分離一本化の方向（日経 2001.6.13）。

2－7　信用取引

　株式の信用取引とは、手元に十分な資金がなくとも、証券会社から資金を借りるか、売りつけ株券を借りて、第一部銘柄の株式の売買ができるしくみをいう。融資を受けて株式を購入することを空買い、貸し株をうけて株式を売却することを空売りという。空買いの銘柄が値上がりすると、顧客は差金を証券会社から受け取る。もし、空売りの銘柄が値下がりすると、顧客は差金を証券会社から受け取る。予想があたれば、少額の資金で大きな利益が得られるが、反面、思惑（おもわく）がはずれるときの損害は深く、危険である。信用取引をするには、委託保証金として売買代金の少なくとも30％は用意しなければならない。自己資金ゼロではできない。信用供与額は6000万円まで。空買いの場合、値上がりした場合は問題ないが、値下がりした場合は損を支払ねばならない。信用取引の期間は6カ月である。損失が大きく膨らんで、委託保証金から損失額を控除した金額が、当初の約定代金の二割を下回った場合には、追い証と言われる追加保証金を差し出さねばならない。

　（練習問題3）　保証金200万円を積んで600万円の借り枠を作

り、A社株を1500円で4000株購入した。五ヶ月後に1200円で見切り売りした。現金はいくら戻って来るか。ただし、金利・手数料を5万円とする。

(略解) 損失＝600万円－1200円×4000株＝120万円。手数料を考慮すれば、120＋5＝125万円の損失。200－125＝75万円。75万円しか戻って来ない。

2－8　株式の発行形態

　株式会社の資金調達の手段として、自己資金、金融機関からの借入れ、増資および社債の発行の4つがある。増資とは、株式を発行して資本金を増加させることであり、株式分割（無償増資）と有償増資がある。

　有償増資には、額面価格で発行する場合と株式市場の時価で発行する場合がある。いずれの場合にも、広く一般から出資者を募る一般公募、株主割当、および取引先や銀行などの特定の第三者に割り当てる第三者割当の3種類がある。日本初の時価発行公募増資は、1968年10月発行のヤマハ株である。時価発行の場合、払い込み価格は払い込み日の時価よりも少し安くしておく。こうしないと、だれも新株を買わない。

　株式分割は、新株が無償で発行交付される形態である。たとえば、1：1.1とは、1000株の株主には100株が無償で交付される。公募増資や転換社債の株式転換で企業が得たプレミアム（公募価格や転換価格と株式額面との差）の一部を株主に還元するため無償

で交付される。プレミアムの残りの部分は、「資本準備金」として処理する（商法第288条）。

2－9 配当

企業は利益の一部を配当として株主に還元する。額面50円の株式にたいして5円配当であれば、1割配当という。配当は現金の他に株式をもってすることもできる。株式配当である。他に株主優待券などがある。

表3－5 関西各私鉄の株主優待制度

阪急電鉄	4万9000株以上全線無料パス
阪神電気鉄道	2万2600株以上全線無料パス
近畿日本鉄道	5万1000株以上全線無料パス
南海電気鉄道	3万800株以上全線無料パス
京阪電気鉄道	3万4000株以上全線無料パス
名古屋鉄道	4万株以上全線無料パス
神戸電鉄	9700株以上全線無料パス
山陽電気鉄道	2万3000株以上全線（西代駅以西）無料パス

株式会社はgoing concern（継続事業）として半永久的に事業を続ける実体と考えられているので、会社は利益をすべて配当に回さない。利益の多くを社内留保として蓄えて、配当を抑える傾向にある。一部の利益は、役員賞与に用いられる。

2－10　株式のメリット・デメリット

　株式のメリットは、換金性、価格付けの透明性、譲渡税が安い、保管が簡単、市場性などである。反面、株価の乱高下や暴落、銘柄選択の難しさなどのデメリットがあり、ハイリスク・ハイリターン商品であることに変わらない。

2－11　個人の金融資産

　我が国の個人金融資産1436兆円のうち、現・預金が773兆円（53.9％）と過半を占め、保険・年金388兆円（27.0％）と続く。株式はわずか77兆円（5.4％）に過ぎない（表3－6参照）。我が国では現金・預金が過半数を占め、アメリカでは保険・年金および有価証券で過半数を占める。金融資産運用に関する超保守派が日本で、積極派がアメリカと言える。

表3－6　個人金融資産の日米比較

日本	アメリカ
現金・預金53.9％	保険・年金31.7％
（内、定期性預金42.7％）	有価証券27.3％
保険・年金27.0％	（内、株式21.2％）
有価証券8.2％	その他19.0％
（内、株式5.4％）	投資信託11.9％
その他8.2％	現金・預金10.1％
	（内、定期性預金9.1％）

（出所）　東京証券取引所『東証要覧2001』p.106

2－12　株式の保有構造

つぎの表3－7のように、わが国の株式保有に占める金融機関のシェアは4割弱、事業法人のそれは2割強。外国人の動きが活発化。最近は金融機関やその他の事業法人のシェアの持ち株比率が減少し、外国人の比率が上昇してきた。個人の比率26.4％は小さくて、日本の株式市場には、個人投資家はいないと言っても過言でない。

表3－7　株式数で見た我が国の株式保有状況（単位％）

	金融機関	証券会社	その他の事業法人	外国人	個人	政府・地方公共団体
1950	12.6	11.9	11.0	..	61.3	3.1
1955	23.6	7.9	13.2	1.7	53.2	0.4
1960	30.6	3.7	17.8	1.3	46.3	0.2
1965	29.0	5.8	18.4	1.8	44.8	0.2
1970	32.3	1.2	23.1	3.2	39.9	0.2
1975	36.0	1.4	26.3	2.6	33.5	0.2
1980	38.8	1.7	26.0	4.0	29.2	0.2
1985	42.2	2.0	24.1	5.7	25.2	0.8
1990	45.2	1.7	25.2	4.2	23.1	0.6
1995	41.4	1.4	23.6	9.4	23.6	0.6
1999	36.1	0.9	23.7	12.4	26.4	0.5

（出所）東京証券取引所『証券統計年報』平成10年版別巻pp.276-7およびホームページ

個人投資家を増やすには、証券税制を個人投資家優遇に変更することが不可欠。株式売却損の翌年への繰り越しを認める、低所得者の株式投資には奨励金を出す、あるいは中高校生への株式投資の啓蒙教育など。1999年にはドイツは年収3万5000マルク（192

万5000円）以下の投資家には800マルク（44000円）を限度に投資額の20%を国が支給することとした。

　とくに、株式投資に対する啓蒙教育活動は大事である。我が国の金融機関が世界に伍していくには、賢い投資家を作って行かなくてはならない。どこに投資のリスクがありどの程度なのか、苦情はどこに言えばよいのか、投資商品としてどんなものがあるのか、投資相談はどこでしているのか、注意すべき点は何か、などを教育し啓蒙していく活動を展開しなくてはいけない。

3　直接金融の方法

3－1　間接金融から直接金融へ

　経済活動をおこなうには、資金の裏付けが必要である。資金のある人からない人に資金を流すのが金融である。資金の取引がおこなわれる場を金融市場（financial market）という。金融市場での資金の流れには、金融機関からの資金借入れ（間接金融）と株式・社債の発行による資金調達（直接金融）の二つに大別できる。

　企業の資金調達の方法が、間接金融から直接金融（社債発行による資金調達とエクイティ・ファイナンス）に変わってきた。大企業が海外で社債を発行しはじめたことから、大蔵省の社債発行規制が事実上尻抜けとなり、後追いの形で国内での社債発行規制が緩和された。社債、株式および転換社債の発行による資金調達

のほうが、銀行融資よりコスト面で安くつくようになり、証券市場が次第に活発になってきた。我が国の企業の資金調達のうち、内部資金71.2％、外部資金28.8％である（表3－8参照）。

表3－8　1996年の企業の資金調達（単位％）

	日本	アメリカ	イギリス	ドイツ	フランス
内部資金	71.2	62.1	59.3	67.8	57.2
外部資金	28.8	37.9	40.7	32.2	42.8
間接金融	8.2	9.7	18.5	24.2	10.1
直接金融	20.6	28.2	22.2	8.0	32.7

（出所）日銀『国際比較統計』2000年版、p.112

3－2　社債

社債（ＳＢ，Straight Bond）を図3－1の例で説明する。甲さんは、額面10万円の社債を10万円で購入する。一年に2回、利子の支払いを受ける。利率3％であるから、年3000円（＝100000×0.03）の利子である。年に2回の受け取りなので、一回あたり

図3－1　社債（7年物）の概念図

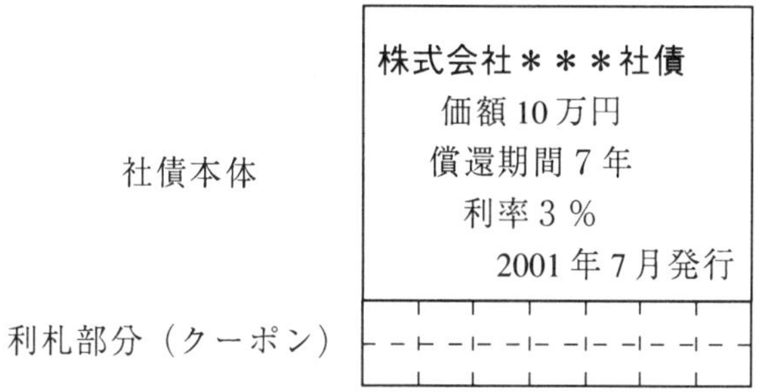

社債本体

株式会社＊＊＊社債
価額10万円
償還期間7年
利率3％
2001年7月発行

利札部分（クーポン）

第3章　株式会社とエクイティ・ファイナンス

半分の1500円の利子を受け取る。受け取った証拠として、社債の下部のクーポンが切り取られる。そして、発行から7年後に額面価額の10万円が償還される。甲さんは結局、7年間で利子21000円を受け取ることになる。最初の10万円は7年間で21000円増えたことになる。

株式が値上がりの期待も大きい反面、値下がりの危険が絶えずつきまとうのにたいして、債券（社債、国債、地方自治体債）は、元金および一定の利子が保証されている。

債券は株式と同じく有価証券の一種である。一定期間一定の利子を払うことを約束していることから、「確定利付き債券」という。株式の配当が会社の業績によって変動し、場合によっては無配になることもあるのと大きな違いである。また。株式は会社が存在する限り、発行されているのに対して、債券は、一定の償還期間が経過して元金を払い戻した後は、消滅する。償還までの期間中は相場が形成され、債券価格が形成される。通常、担保の管理、投資家の保護などから、担保の取扱と募集の受託は同じ銀行が取り仕切る。

社債には、15年、12年、10年、7年、6年の5種類がある。額面10万円であり、年2回の利払いがある。たとえば、社債の一種である電力債は電力9社が発行する。無担保である。かつて、社債は担保付きであり、発行金利が低くおさえられていたので、電力債位しかなかった。

社債は上場企業であれば簡単に発行できるというものでなく、

発行には厳しい条件があり、社債を発行できる企業は限定されてきた。歴史的に社債を振り返ると、大正から昭和にかけて大恐慌の影響で我が国の社債のデフォルトが頻繁におこり、社債に対する信任が低下した。そこで、「社債は担保付きとして償還を確実にするために減債約款を設ける」旨の申し合わせが1933年（昭和8年）に行われた。また、社債の担保順位を銀行貸付より優先させるという慣行が定着してきた。

　しかし、金融の自由化が進んで社債の発行基準も大幅に緩和されてきた。1993年には社債の発行限度が撤廃された。1996年1月には社債の適債基準が撤廃され、ＢＢ以下の格付けの会社でも、自由に社債を発行できるようになった。適債基準の撤廃と並んで、無担保債の発行条件が緩和された。無担保社債を社会が受け入れるための防衛装置として、つまり社債権者の保護装置として、「財務上の特約」が設けられていた。

　これは、社債発行会社が社債権者に対して、社債の元利金の償還を確実に果たすために行う一定の約束事である。企業の信用リスクが高まっていく場合に、社債の満期前償還あるいは担保付き債券に切り替えることを約束して、少なくとも社債のデフォルトという最悪の事態を避けることにねらいがある。

　財務上の特約として、担保提供制限条項、利益維持条項、純資産維持条項、配当制限条項、担保切換条項がある。担保提供制限条項は、国際的に最も一般的な「財務上の特約」である。これは、「他の国内債務のために担保を提供する場合には、本社債のため

にも、同順位の担保権を設定しなければいけない」などとして、無担保社債の投資家が他の債権者に劣後して不利にならないようにしている。格付けが低い企業では、担保付きでないと資金が調達できない可能性が強いから、社債権者を守るうえで、担保提供制限の範囲を広くしている。経常損益が３期連続の損失になった場合に、利益維持条項に抵触することになり、担保切換条項があれば、これが発動される。純資産額が一定水準を下回ると、純資産維持条項に抵触して、担保切換条項があれば、これが発動される。担保提供制限条項が社債権者を守る消極的な機能であるのにたいして、担保切換条項は積極的な機能である。

　第一部上場の大成建設および日本信販が、社債の財務上の制限条項に抵触して、1998年に繰り上げ償還となった。大成建設の場合、純資産維持条項にひっかかったので担保付き社債に転換しようとしても、発行社債額が担保量を上回ったためにカバーできず、急遽繰り上げ償還となった。

3－3　転換社債

　転換社債（ＣＢ，Convertible Bond）は、あらかじめ決められた価格で株式に転換できる社債である。長期間保有して利子を得ることもできるし、株式に転換した後に市場で売却して、キャピタルゲインを得ることもできる。転換後は社債は残らない。償還日まで保有していると、額面価額（100万円）が戻ってくる保証がある。最低購入単位は、100万円。

たとえば、時価基準にして転換価格を2000円と決めたとする。100万円の転換社債を購入した人は、500株をもらう権利がある。転換請求期間中に株価が2500円になったとすると、転換社債の持ち主は1株2500円の株式を2000円で買えるので、500円だけ得する。結局、この時点で株式に転換すると、500円×500株＝25万円の儲けとなる。発行会社側から言えば、社債という借金が全部消えてしまうことになり、100万円をもう返す必要がない。

逆に、転換価格を下回っていれば、だれも株式に転換しないだろう。償還まで社債として保有して利子が受け取ればよい。しかし、発行会社にすれば、償還資金を工面しなければならない。

図3－2　転換社債の概念図

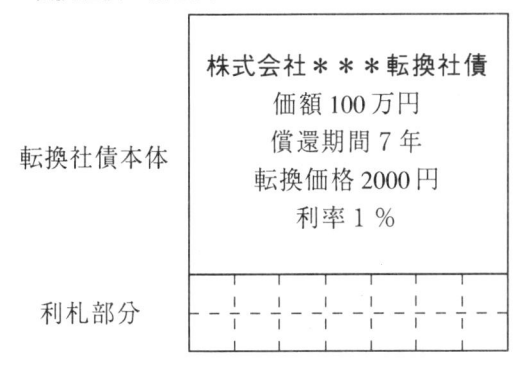

転換社債本体
株式会社＊＊＊転換社債
価額100万円
償還期間7年
転換価格2000円
利率1％

利札部分

フジタ工業は、1989年12月18日に転換社債を600億円発行した。転換期限が1999年3月31日の300億円と2002年3月29日の同じく300億円であった。転換価格はいずれも1932円であった。1989年の4月には史上最高値2270円をつけていた。その後、バ

ブルの崩壊とともに株価は暴落して、現在二桁の株価に低迷している。株式転換希望者はなかった。毎年莫大な利息を支払い、償還時には600億円を用意しなければいけないことになった。

3－4　ワラント付き社債

ワラント（新株引受権）付き社債（ＷＢ，Bond with Stock Purchase Warrant）は、1981年の商法改正で認められた。これは、普通社債に発行会社の新株を一定の付与率で、一定価格で買い取る権利（ワラント）を付加したものである。主に海外市場で発行。

ワラント債1枚が5000ドル。発行枚数2万枚で1億ドル、4万枚で2億ドルが一般的である。1989年に発行されたトヨタのワラント債では、債券部分4000ドルで、ワラント部分1000ドルである。本体価格の4000ドルは、4年後に5000ドルで償還された。ワラントの1000ドルの部分は1株2788円で額面（5000ドル）相当の新株を引き換える権利を付与されている。新株引受のための引換券がワラントであり、その値段が1000ドルであると見てよい。新たに5000ドルを払い込んで株式が買える。ここが転換社債とのちがい。株価が低迷して、2788円を上回らなければ、ワラント部分は紙屑同然になる。みすみす時価以上の2788円でトヨタの株式を買う人はいない。発行企業にすれば、社債部分の償還資金は、ワラント行使で入って来る資金で帳消しにする計算である。ただで資金が手に入るおいしい話。

1989年5月26日のトヨタのワラント債の発行条件は、次の通

りであった。償還期間4年、金利年4％、新株買取り価格2788円。

最近の株安状態では、ワラントの権利行使が進まず、ワラントが紙屑同然になって、ワラント債の償還資金に苦慮する企業が続出する事態になってきている。社債発行で償還資金を調達するケースが多くなってきた。

図3－3　ワラント債の概念図

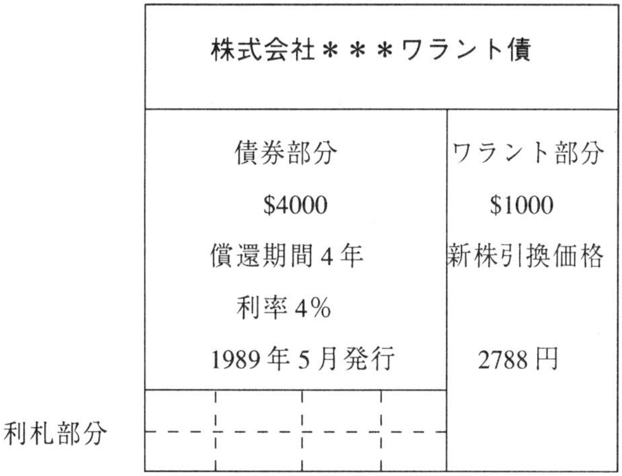

株式会社＊＊＊ワラント債	
債券部分 $4000 償還期間4年 利率4％ 1989年5月発行	ワラント部分 $1000 新株引換価格 2788円
利札部分	

（練習問題4）　割引金融債、通称ワリコーとは何か。

（略解）　日本興業銀行が発行する無記名式の債券である。予め利子部分を割り引いて販売される。たとえば、償還期間1年の額面100万円の債券を98万円で販売して、1年後に100万円で償還する。利率は、2／98＝2.0408％の計算となる。

第3章　株式会社とエクイティ・ファイナンス

3－5　社債発行による資金調達とエクイティ・ファイナンス

エクイティ・ファイナンス（equity finance）とは、上記の増資、転換社債、ワラント債による資金調達をいう。増資では、株主資本（equity）が増加し、転換社債やワラント債では、発行時点で新株は増えないが、将来増える可能性があるので、エクイティ・ファイナンスに含める。これに対して、銀行借入れや社債発行による資金調達をデット・ファイナンス（debt finance）と言う。1998年の調達額（表３－９参照）は、有償増資（株式欄の合計）9811億円、転換社債（ＣＢ）2266億円、海外市場での転換社債1029億円、ワラント債（ＷＢ）115億円の計１兆3221億円である。普通社債（ＳＢ）起債額は（ＳＢ欄の合計）14兆253億円であるから、エクイティ・ファイナンスの約４倍である。まさしく「社債の時代」到来を物語る数字である。

表３－９　1998年直接金融の動向（単位億円）

	株式			－ＳＢ－		－ＣＢ－		－ＷＢ－	
	株主割当	公募	第三者割当	国内	国外	国内	国外	国内	国外
1990	8249	19754	3146	18280	14732	27270	7712	9250	29247
1991	2180	1258	1035	23147	37674	10615	2446	3815	39230
1992	1106	40	1022	28940	37669	5170	3451	…	16770
1993	479	74	1504	36840	27676	16170	4003	…	18518
1994	96	1366	2388	29200	7544	27265	2595	…	9035
1995	956	331	1603	48813	10330	6990	3428	12	4989
1996	3374	3054	2186	59325	14636	311350	4948	87	5298
1997	730	1281	3696	63485	18161	2585	5039	202	531
1998	4	2843	6964	125324	14929	2266	1029	115	…

（出所）　東京証券取引所『証券統計年報』平成10年版別巻、pp.144-5.

表3-10を見ると、日本だけではなく世界の先進諸国は、社債等の中長期債による資金調達の比率が高いことがわかる。

表3-10　各国の1999年証券発行状況（単位億ドル）

	株式発行額	中長期債発行額	発行額合計
日本	11.6%	88.4%	9586（22.1%）
アメリカ	8.4%	91.6%	15626（16.8%）
イギリス	27.4%	72.6%	606　（4.2%）
ドイツ	6.0%	94.0%	6446（30.5%）
フランス	20.0%	80.0%	1428（10.0%）

（出所）日本銀行（2000）『国際比較統計』p.52、カッコ内は対ＧＤＰ比率。

3-6　株式と社債

新株発行は株主資本の増加をもたらすのに対して、社債の発行は株主資本の増加でなく、負債の増加となる。

①社債は株式に優先する。会社は社債権者に対する債務を果たした後で、はじめて株主への残余財産の配分をすることができる。

②社債は確定利子を受け取ることができるが、株式の配当は変化する。

③社債権者は株主総会に出席できない。

④社債は償還期限後に額面額が償還されるが、株式にはない。

（練習問題5）　投資信託とは何か

（略解）　一般投資家の資金を託された専門家が株式や公社債な

どに分散投資するしくみ。しかし、元本の保証はない。プロが投資しても難しい局面がある。償還期間が来たのに、損失が巨額で１年以上返金を先延ばししている投信もある。

貴重なご意見、ご質問に答えます（3）.........

Q．株価は本当に上がるのでしょうか。個人が損を覚悟で簡単に投資するとは思えませんが。

A．株式市場は、今、小泉内閣の具体的な経済政策とその実現性を見ています。新内閣成立直後の熱気は株式市場から去りました。参議院選挙以後の政治動向をカギにして、株価は動くと考えられます。小泉内閣の政策が実行に移されますと、これまで守られてきた業種の株価は下がると考えられます。すでにゼネコンは下がっています。しかし、全体的に見て、日本経済の回復の基調が感じられますと、日経平均は反転、一気に上昇に転じるものと思われます。損を覚悟で株式投資をする人はいません。ただし、リスキーであればあるほど、リターンも大きいのが株式投資の醍醐味です。

Q．会社は儲けることを考えることが一番ですか。会社によりけりだと思いますが。

A．その通りです。儲けることが一番です。損して事業展開しているとしたら、企業の存立の基礎がありません。世間に喜ばれる商品を開発し市場で売れる、ここに企業の存在理由があり、その

結果として利潤が発生します。環境にやさしいなどを理念にする企業が最近、増加してきました。結構なことです。しかし、儲けることを省みずに、従業員を食べさせていけない会社は生きていけません。そうです。おいしいものを食べて（取引先から原材料を調達し）、身体に栄養を取って（雇用を守り）、結果としていいうんこをするんです（利益を上げる）。

> Q. 会社は儲けたお金を剰余金や預金として蓄えても、使い道はありますか。個人なら贅沢をするというのもわかりますが。

A. お金の使い道はたくさんあります。新工場の建設資金、ドイツ製の最新機器の購入資金、従業員の年金の積み立て費用など。要するに将来の経営戦略の実現のため、またおもいがけない事態に備えて蓄えておきます。

> Q. 自分の勤めている会社の持株会では、どんな単位で流通しているのですか。

A. 従業員持株制度は、毎月一定の日に一定の予算で勤務先会社の株式を取得し、会社側がその一割程度を援助します。従業員は給料から一口千円で十口程度を天引きで拠出します。持株会とし

てまとめて一括買いを証券会社を通じてします。出資割合に応じて持ち分を従業員は有します。そして、累積株数が千株になると名義書き換えして自分の名義となります。それまでは名義上は持株会会長です。

Q．松下電器の社長が交代しましたが、今後、発展していくと思われますか。

A．松下の今後の経営戦略を考える場合、一つのヒントは、確かにソニーにはゲーム分野やソフトウェア分野などの経営戦略の面でやられたが、松下は余裕があり人員整理もされていないし、企業業績も悪くないということです。2001年3月期単独決算では、売上はソニーの1.8倍の4兆8000億円、経常利益は1155億円とソニーの1.4倍。新社長の危機意識が松下の一般社員にどこまで浸透するのか、ここが勝負です。

Q．最近よく話題になる「不動産証券化」とはどんなことでしょうか。

A．REIT（Real Estate Investment Trust）のことですか。2000年の投資信託法の改正で、投資信託の運用対象が有価証券だけでな

く不動産にも可能となりました。500億円のオフィスビルが一棟丸ごと右から左に売れるなんて、そんな威勢のいい話は聞けません。それならば、これを小分けして一単位2000万円の証券として、2500人の投資家に販売します。ビル自体を賃貸物件としてテナントビルに転用します。家賃収入をこの証券の利子として毎年支払います。500億円を出す人はいなくても、2000万円なら出せる個人投資家相手に新ビジネスは好調なようです。

Q．東証と大証の両方に上場するメリットは。

A．知名度が上がります。大証は取引高が少なく値付きがよくないので、大証上場企業が後で東証にも上場するケースがあります。

Q．株式の公開によって報道の自由が保てないとのことだが、テレビやラジオ等のメディアは上場している。なぜか。また、出版社や、新聞社はすべて非公開なのか。

A．確かに、日本テレビ (1959年上場、以下同様)、ＴＢＳ (1960)、朝日放送 (1961)、アール・ケー・ビー毎日放送 (1964)、中部日本放送 (1960) と上場している。そして新潟放送 (1969年) は店頭登録している。学習研究社 (1982)、角川書店 (1998)、昭文社

（1999）も上場。中央経済社は1997年に店頭登録。法律的に株式譲渡制限があるのは、日刊紙のみ。テレビ各社は膨大な放送施設・機器の設備資金調達のために、株式公開を断行。フジテレビはまだ未公開。テレビ朝日は2000年10月上場予定。新聞社はすべて未公開。

Q. 優先株・普通株・劣後株の割合は何か規定があるのですか。

A. 商法第222条1項には、「会社は利益若は利息の配当、残余財産の分配又は利益を以てする株式の消却に付内容の異なる数種の株式を発行することを得」とあり、2項で「定款を以て各種の株式の内容及数を定むることを要す」とある。続けて、第242条3項には優先株について「発行済み株式総数の三分の一を超ゆることを得ず」とある。

Q. 株式消却のデメリットは何ですか。

A. 株式消却には資金の手当がいります。企業利益か剰余金で自社株を買い求めることになります。本来、設備資金など将来の事業展開に必要であるお金が、自社株購入に回ることになります。後ろ向きというのが、デメリットです。

Q．貯金が少しばかりできまして、株式に100万円ほど投資したいと思っています。証券会社に行くのがなぜか怖くて‥‥。100万円ポッチでも証券会社は親身に相談に乗ってくれますか。どれくらい事前に勉強していったらよいですか。貯蓄手段として株式は長期を考えてやるものでしょうか。中・短期は国債、ファンドなどがいいのですか。

A．一般論として、どの銘柄を買えばよいかは証券会社は教えてくれません。なじみの得意客には教えてくれるようです。教えてくれた銘柄には、超短期勝負に賭けるべきです。また、参考資料は貰えるでしょうが、最後は投資家個人の判断。原則は自己責任です。できるだけ銘柄研究、業界研究をしてください。株式投資の基本は長期投資です。案外、現在の勤務先かその関連業界がいいのでは。何と言っても毎日行っているですから、業界の情報量はプロ投資家よりも多い。ただし、自社株投資の場合、貴方が管理職ならばインサイダーの恐れあり。100万円を預貯金しても利子率0.02％ではたったの200円。しかし、中期的には国債や預貯金の他にありません。

> Q．金融機関は企業の発行済み株式総数の5％以上を保有してはならない、保険会社は10％以上を保有してはならないとありますが、我々の会社の筆頭株主は銀行や生命保険会社になっていますが、変んじゃないですか。

A．説明を飛ばしました。一銀行で5％、一保険会社で10％という意味です。理論上、20行が5％ずつ保有すれば、100％銀行管理会社となる。

たとえば、靴下メーカー、ナイガイの主要株主は、『会社四季報2001春号』によれば、三井生命5.1％、富国生命5.1％、中央三井信託銀行4.9％、さくら銀行4.9％、東レ4.5％、大東京火災海上3.9％、自社協力会社持株会3.1％。

> Q．キャピタルゲインにおいて、譲渡益の26％課税の場合に、買値の確認できる書類がない場合はどうすればよいか。損した場合、買値を証明できる書類は何ですか。

A．基本的な考えとして、売値－買値＝譲渡益を計算することは、税務署として煩雑であるということです。何百万もの書類を点検するなんて現在の人員からは不可能です。株式投資で儲けた場合、源泉分離を選択します。このとき、買値は関係ありません。売値全体の1.05％が有無を言わせずに税金として徴収されます。損し

た場合は、申告分離を選択します。買値を証明するのは、証券会社の計算書類です。これがない場合、『会社四季報』等でその年の高値、安値を確認して、こちらの言い分にチェックを入れるようです。少なくとも私の場合はそうでした。

> **Q．公開会社と非公開会社が合併の場合、合併後の新会社の株式公開はどうなりますか。**

A．情報開示が叫ばれているこの世の中、かりにご質問のような形の合併となれば、新会社の株式は公開されると思います。いやそうすべきです。非公開会社の株式を合併前に評価して、二つの会社の株式比率を決めた上で合併します。

> **Q．○○銀行、○○信用金庫、○○信託銀行の違いは何ですか。**

A．戦前の商業銀行は信託業務を補完的に兼営することが多かったようです。しかし、戦後は大蔵省の方針によって、信託業務の兼営は規制され、わずかに大和銀行のみが信託業務を兼営しているにすぎません。商業銀行と信託銀行は棲み分けがありました。銀行は預金でお金を集める、信託銀行は預金は預金でも銀行預金よりも利回りの高いビッグという５年ものの金融商品でお金を集

める。集めたお金の使い道もやや違いました。銀行は主に商業金融や短期金融に、信託銀行は2年から5年の中期金融に、興業銀行は長期金融にと機能分解がありました。それが証拠に、1959年に神戸銀行および三和銀行の各信託部門が、野村証券の一部の業務と合体して東洋信託銀行を創設し、東海銀行の信託部門は中央信託銀行として独立しました。

　信託銀行には貸出業務および信託業務があります。収益の三分の二を稼いできた貸出業務は大企業向けが不振であり、現在は信託業務に期待するしかない。信託銀行の信託とは「信じて託す」ですから、主としてお金と土地を託されています。土地の信託とは、地主から託された駅前の土地にテナントビルを建てて、家賃は折半、30年後には地主に土地を返すというわけです。お金の信託には、ビッグ等の他に年金信託があります。

　規制緩和が進んで、銀行と信託銀行の業務の壁が撤廃され、信託銀行としては将来の経営の道筋がつけにくいというのが現状です。信託専門か、商業銀行に転身するかしかない。それが証拠に、大蔵省の信託業務切り離しの圧力を全行一丸となって跳ね返し、都銀唯一信託業務を守り抜いて兼営されていた大和銀行は、虎の子の信託業務を分社化あるいは他行との合体も視野に入れてどうするか検討されているようです。

	信用組合	信用金庫
業態	特定の職場で働く人を対象に信用事業を行う	一定地域を基盤とする
融資枠	自己資本の20%か8億円	自己資本の20%か15億円の低い方
平均店舗数	4	10〜19

　多数小口取引に傾斜するのは、信用金庫や信用組合です。いずれも、会員組織の庶民金融機関です。信用金庫は地元の小さな会社のための金融機関です。元々都市銀行とは守備が異なる。明日もわからない中小企業に融資するよりも倒産リスクの少ない大企業に融資する方が楽。収益も高い。多数小口取引審査、融資事務、連絡の手間もコストもかかる。「大口化」はおいしい。東洋信用金庫は超大口を狙って大失敗して経営破綻。信用金庫はドブ板を踏み歩く地元密着の小口多数取引。取引先は、「従業員10名程度、年商5億円まで」らしい。「従業員30人、年商10億円を超える」と、都銀をメインに、うちをサブにと言うらしい。小口に分けて貸し倒れリスクを下げている。中小企業の資金借入先は国民金融公庫が8割、つぎに信金、信用組合とくる。

　ちなみに信金トップは東京都と神奈川県を営業地域とする城南信金。「貸すも親切、貸さぬも親切」の故・小原鐵五郎理事長が信用金庫の育ての親。1967年、大蔵省の信用金庫株式会社化構想をつぶす。「株主の利益優先の株式会社になってしまうと、中小企業や大衆の面倒は誰が見るのか」と反論。現理事長の真壁は「うちは町医

者」と言う。2位京都信用金庫、3位京都中央信用金庫。巨大信金が普通銀行に転換しないのは、税制優遇措置があるから。法人税は30％でなくて24％。なお、信用組合は員外預金が認められない。

Q．荒利とは何ですか。

A．荒利という言葉は、『体系金融大辞典』(東洋経済新報社)や『広辞苑』(岩波書店)にはありません。おそらく、粗利益の粗利の意と思います。そうならば、話は簡単です。経済学の大事な概念として、グロスとネットがあります。「ボーナスはグロスで100万円、ネットで80万円」とは、税込みか税引きかです。粗利益から税金や諸経費を控除したのが、純利益です。

Q．上場しない会社（竹中工務店etc.）の会社側のメリットはわかりました。社員の立場として、どう違いますか、あるいはどちらがいいでしょうか。

A．株式会社110万社の中で上場企業はわずか三千です。竹中やサントリーのような超有名会社ならいざしらず、上場すると勤務先が毎日株価欄に掲載されて一般に知名度があがります。社員としては上場してもらいたいでしょう。社員に自社株を持たせてい

る会社ならば、早く上場して、社員にキャピタルゲインの喜びを味わせたいでしょう。

Q．社債発行の場合、企業は会社の格付けをかなり意識しますが、企業の格付けと社債の利率は関連して決まりますか。

Ａ．企業格付け機関が独自の観点から格付けを行います。外資系の格付け機関が日系よりも信頼度が高いようです。格付けを参考にして、各社は社債の利率を決めます。トリプルＡならば、利率が安くても買い手が殺到するでしょうし、ダブルＢならば買い手を引きつけるために利率を高くします。要は、クレジットリスクが利率に反映するということです。

Q．将来インフレになるという記事が多いのですが、もしそうなってきた時、住宅ローンは早く返す方がいいのでしょうか、教えて下さい。

Ａ．インフレとは物価が上がることです。給料も遅れて上がります。現在の給料から見て思う借金1000万円と給料が二倍になって思う1000万円では、重さが違います。この場合なら、後から返し

た方が有利です。苦しい今より、給料倍増の将来に返すべきでしょう。しかし、住宅ローンが変動金利である場合ですと、インフレになりますと、給料も上がりますが変動金利も上がります。返済を先に延ばすと返済額が膨らみます。こうなると、早く返すべきです。住宅ローンの借り手にとって、資金が溜まれば、直ちに元金の返済に回すべきということです。要は、「借りた金は早く返せ、なぜなら、先延ばしにすると、利子がかさむ」ということです。たとえば、元利均等方式で2000万円借入の場合、30年返済では月84321円の返済総額3035万円、10年短い20年返済では月110920円の返済総額2662万円と総額で400万円安くなります。

> **Q．** 第二回の授業で公認会計士について学びましたが、アメリカのＣＰＡに興味があります。ＣＰＡを取得するとアメリカ系の企業しか役に立たないのですか。他のヨーロッパやオーストラリア系の企業では別の資格があるのですか。

A． アメリカのＣＰＡは、グローバルな影響力を持っていますので、この資格を取得されると、世界的に通用すると思われます。日本でも徐々に評価されつつあります。日本の大手監査法人が数百人規模でＣＰＡ取得者を採用したとの記事が最近出ていました。イギリスにはイギリスの会計士の資格がありますが、アメリカのＣＰＡを取得されると有利になるでしょう。

Q．インターネットによるオンライン取引が盛んですが、投資信託（オンラインで購入のもの）の名義変更などはできるのですか。できるとすればどのようにするのですか。

A．基本的に名義変更はできないでしょう。理由は簡単です。名義変更とは所有権の移転ですから、贈与税とか相続税が関係します。銀行預金の名義変更など簡単にはできないのも同じことです。

Q．投資信託の償還前にこれを解約して現金化することはできますか。満期まで置かないと現金化できませんか。

A．できます。その代わりに解約料をとられます。投資信託会社は一定期間を前提に株や債券の売り買いを通じて利益を得ようとしています。途中解約はできますが、解約料は安くない。

Q．株式売買手数料の自由化で大手証券会社とインターネット専門の証券会社では、何倍もの差がでました。これでは、大手がやっていけるのが不思議と思います。今後、経営はどうなりますか。

A．大手証券会社の収益の柱の一つに確かに手数料収入があります。多いときで全体の収益の６割を稼いでいました。他に、ディー

ラー業務やアンダーライター業務等があります。証券会社は自らディーラーとなって有価証券の売買ができます。歴史と伝統と情報力と人材の面で大手証券会社は断然有利です。しかも、新規社債や新規の株式を引き受けて一般に売り出すアンダーライター業務があり、これは販売高の3.5％前後の手数料がもらえます。全国展開の大手証券の独断場です。小さい証券会社に任しては、社債完売の見込みがつきにくいのです。松井証券のなぐり込み作戦は今のところ成功していますが、手数料の大幅値引きだけでは、他社にまねされるのみです。

（追記）大手の日興證券が2001年7月19日から1ヶ月間限定で、手数料ゼロキャンペーンを始めました。

> Q．先生は政府などが望んでいる個人の株式投資が将来活性化していくとお考えでしょうか。とくに、個人の金融資産を銀行預金から株式にシフト移転を狙っているようですが。そこには自己責任を伴うためリスクが発生します。多くの金融資産を持っているといわれる高齢者達は果たしてそれになじんでいくでしょうか。いままでの機関投資家が主人公から個人投資家へのシフトはそう簡単に急にはいかないと私個人的にはそう考えているのですが、…如何でしょうか。（乱筆乱文ですいません）

A．政府には今年か来年から株式投資優遇措置を実行してもらい

たい。キャピタルロスの繰り越しを是非認めていただきたい。キャピタルロスの総合課税化も実行してもらいたい。現在は株式は株式の損益をその年に限り通算する分離課税。甲株で200万円儲けて、乙株で300万円損を出したら、株式投資で計100万円の損失。申告分離を選択して、キャピタルゲイン課税はなし。100万円の損失と給与所得との合算は認められない。また、この損失は翌年に持ち越せない。

　比較的小さいときから、起業教育を含めて株式投資教育を実施するなど、中期的な課題として捉えることで、将来的には個人投資家が一つの大きな層として輩出することを願う。

　リスクの高い株式投資に敢えて挑戦する高齢者は少ないでしょう。第一、心臓に悪い。国家保障の郵便貯金で十分です。

第4章　日経平均株価とTOPIX

1　株式市場

1－1　証券市場と商品市場

　株式の売買や発行が行われる市場を株式市場という。債券(社債、国債、利付き金融債、割引金融債等)の売買や発行が行われる市場を債券市場という。2つの市場をあわせて証券市場という。証券市場の具体的場所として、全国5カ所(東京・大阪・名古屋・札幌・福岡)の証券取引所があり、上場株式や債券が取引されている(表4－1参照)。従来の取引所集中義務が撤廃されて、株式は証券取引所以外でも売買できるようになった。東証(兜町)や大証(北浜)では、すべての銘柄が電算機システムで取引されている。株式市場の主要な役割は次の二点である。①企業の資金を調達する　②株式の売買をスムーズにする。
　なお、取引所には、証券取引所の他に商品取引所がある。商品取引所は金、銀、大豆、小豆、砂糖、生糸、ゴム、毛糸等を扱う。

表4－1　株式市場の2000年末の現状

	東証1部	2部	マザーズ	ナスダック・ジャパン
上場会社数	1447	579	29	40
時価総額（億円）	3527847	71344	6357	9821
売買代金（億円）	2426323	56600	3706	3074
売買回転率	0.6102	0.5464	0.5114	…
単純株価平均	640.50	524.61	…	…
利回り	0.91%	1.12%	…	…

（出所）東証『東証証券月報』3月号pp.5-10、大証『証券統計月報』3月号pp.12-3

1－2　ベンチャー向け株式市場

　最近、東証と大証に登場したベンチャー向け株式市場は、ハイリスク・ハイリターンの新市場である。

（1）ナスダック・ジャパン

　ナスダック・ジャパンは、大阪証券取引所で2000年6月に取引開始。日本のソフトバンク（孫正義社長）がアメリカの店頭株式市場（ナスダック）と協力して合弁会社として大証に設置。将来はアメリカ・ナスダックおよびヨーロッパ・ナスダックと提携してワールドワイドに24時間取引をめざす。そのときには、ナスダックに公開している約5000の銘柄を円建てで売買することができる。現在のところ、ナスダック・ジャパンは日本のベンチャー企業の株式売買を扱うにとどまる。一定の財務基準を満たす「スタンダード」と、小規模だが成長が期待できる「グロース」に分かれる。開設初日に新規公開された企業（株主数）はエックスネット（47名）、クリーク・アンド・リバー社（63名）、デジタルデ

ザイン（26名）、スギ薬局（514名）であった。スギ薬局を除いてきわめて小規模であることがわかる。デジタルデザインのみがグロース基準による上場。

（2）マザーズ

マザーズは、1999年12月に東京証券取引所が創設した。Market of the high-growth and emerging stocks の頭文字をとって命名。成長力があると認められれば、たとえ経常赤字や債務超過に陥っていても上場できる。最短一ヶ月で上場できるとのうたい文句であったが、暴力団関係企業の上場を警戒して、東証は設立一年未満の企業の上場申請を閉め出す方向に動いた（日経2000.6.12）。

表4－2　新興市場の比較

上場基準	ナスダック・ジャパン＊	マザーズ
純資産	4億円以上	規定無し
時価総額	又は5億円以上	5億円以上
利益額	又は税引き前利益7500万円	規定無し
情報開示規定	四半期毎	四半期毎
株主数	300人以上	300人以上

＊　グロース

（3）JASDAQ（店頭）市場

2001年7月から従来の株式店頭市場を名称変更。現在、中堅企業、ベンチャー企業を中心に880（2001.6.30現在）の銘柄を登録しており、有力企業を過去に輩出してきた実績を誇る。店頭市場から東証第一部に進出した企業は少なくない。市場規制を日本証券業協会、事情運営をジャスダックが（JASDAQ）が分担。

1−3　先物取引

　先物取引（futures）とは、将来の特定の日に特定の商品をあらかじめ合意した価格で売買する取引である。アメリカでは1970年代に入ってから、債券や通貨などの金融先物取引がシカゴを中心に急成長した。日本でも、債券先物市場が1985年に開設され、1988年には東証で東証株価指数（TOPIX）、大証で日経株価指数の各先物取引が開設された。

表4−3　TOPIXと日経225の先物市場比較（単位百万円）

	TOPIX	日経225
1988	1887140	1892394
1989	3727512	5442647
1990	3091014	13588779
1997	3035724	7484182
1998	2726985	8191130
1999	3157441	9067883
2000	4148776	7426478

（出所）東証『証券統計月報』平成11年版、同『東証統計月報』、大証『統計月報』

　たとえば、現在の日経平均が1万8000円とする。将来の株価にたいして強気の甲さんは、6カ月の先物を2万円で購入する（買い建て玉）。6カ月後の決済時期に2万2000円になっていれば、2000円の儲けとなる。甲さんと正反対の予想をして同じ2万円で売った（売り建て玉）乙さんは、2000円の損となる。売買単位は日経平均先物では1000倍、TOPIXでは1万倍である。取引の決済は、反対売買による差金決済である。表4−3をみると、日

経平均先物の方が人気が高い。

1－4　証券会社

　証券会社の業務として、①ブローカー業務　②ディーラー業務（自己売買）　③アンダライター業務（引受）　④ディストリビュータ業務（募集・売り出し）の4つがある（図4－1参照）。

（1）ブローカー業務

　投資家Aが証券会社Bにある株式の売却あるいは購入の注文を出すと、証券会社Bは証券取引所に売り注文あるいは買い注文を出す。この業務により、売買委託手数料を稼ぐのである。これをブローカー（委託売買＝顧客の売買を取り持つ）業務という。手数料はかつては売買額の約1％であり、証券会社全体の収入の6割を占めていた。現在、手数料は自由化された。1991年に明らかになった証券会社の損失補填不祥事の原資は、固定手数料の元手の膨大な利益にあるといわれており、一般投資家には損金の弁償という話は全くなかったのである。

（2）ディーラー業務

　証券会社は自己勘定で株式や債券の売買をする。これをディーラー業務という。バブル崩壊後の相場展開の中でプロ中のプロでさえ売買益をあげるのは難しい状況になっている。（1）と（2）の業務の間には、利益背反の問題が生ずる。かつて、証券会社が、安く買っておいた株式を「今週の特選銘柄」などと称して投資家に売り抜けた状況があったと言われる。

（3）アンダーライター業務

　アンダライター業務は、企業が株式や社債を発行するときに、証券会社が全株引き受けて、これを分売していく業務である。売れ残りが出た場合には残額を買い取る。証券取引法第65条により、アンダライター業務は証券会社固有の業務と規定されている。ただし、国債、地方債、政府保証債については銀行等のアンダライター業務が例外的に認められている。アンダーライター業務は、どの証券会社もできるのではなく、幹事証券会社だけに許されている。新規公開株の引受では、証券会社は引受額のおおよそ3％から4％の手数料をとる。たとえば、ある会社が500万株を2000円で公開すると、幹事証券会社には、3％では3億円の手数料が入る。具体的な手数料金額は個別的に決められる。新規公開株が売れ残った場合には買い取る義務があり、証券会社は売れ残りのリスク負担をしている。その分、手数料が高い。増資、転換社債、ワラント債を発行するときも同様である。

図4－1　証券会社の役割

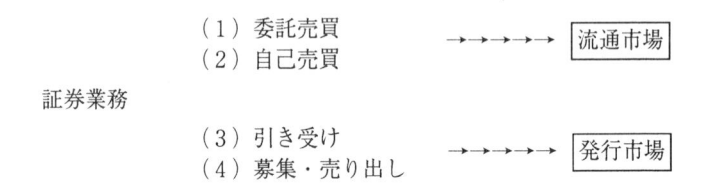

証券業務
- （1）委託売買
- （2）自己売買　→→→→→　流通市場
- （3）引き受け
- （4）募集・売り出し　→→→→→　発行市場

　（1）と（3）でも、利益背反の問題が生ずる。つまり、ブローカー業務から言えば、投資家のためになるべく安い発行価格にす

べきだが、そうすれば大量の資金を調達したい発行会社の機嫌を損ねて、次回の増資に幹事会社に指名されない危険を犯すことになる。証券会社内部では営業部門と引受部門の間に情報の壁をひいて、インサイダー取り引きの規制を強めている。これを中国の万里の長城にちなんで、チャイニーズウォールという。

（4）ディストリビュータ業務

　有価証券の募集や売り出しを行う業務である。ただし、アンダーライター業務と違って、売れ残り証券を自ら引き取ることはない。新発債や新株の募集や、既発債や既発の株式の売り出しを行う。

1－5　三大証券会社

　日本の証券会社は、1965年の証券不況以降、登録制から免許制となった。しかし、1998年12月より登録制に戻った。兼業は禁止されており、たとえば銀行は原則として証券に参入できない。2000年末現在、296社の証券会社が9万6879人の人員を擁して、2308の店舗を国内に展開している。戦後、野村、大和、日興、山一の四社体制が強力であったが、1997年秋に山一証券が自主廃業して、その一角が崩れた。

　次の表4－4は、証券会社・預かり資産額ランキングを示している。顧客が年1回売買すれば、手数料1％ではたとえば野村証券は年5830億円の手数料収入となる。証券会社が預かり資産の拡大に懸命になっている理由である。

表 4 - 4　証券会社・預かり資産額ランキング（単位千億円）

順位		資産額	順位		資産額
1	野村	583	9	丸三	16
2	日興	273	10	明光ナショナル	15
3	新光	110	11	コスモ	14
4	国際	77	12	さくらフレンド	11
5	つばさ	51	13	水戸	8
6	みずほ	41	14	東洋	8
7	岡三	24	15	いちよし	7
8	東海東京	17	16	イートレード	3

（出所）東洋経済新報社『会社四季報2001年春』
（注）三井住友銀行の資金量は 678（千億円）、大和証券データ非開示。
　　　みずほの正式名称はみずほインベスターズ

1－6　銀行と証券の分離

　ヨーロッパの銀行は証券業務が兼営できる。ユニバーサル・バンキング（証券業務も銀行業務も営業可能な金融機関）なのである。総合的な金融機関として、預金、投資信託、保険から個人年金、資産運用まで一体化した体制で資産運用管理ができる。しかし、日本（証券取引法第65条）とアメリカ（1933年銀行法、通称グラス・スティーガル法）では、銀行業と証券業の兼営ができなかった。アメリカでは、1929年の大恐慌の際、証券業を兼営していた銀行が大きな損害を受け、預金者に多大の迷惑をかけたことから、1933年にこの法律が成立し、兼営を禁じた。銀行業にとって証券業はリスクが大きいので兼営させないことになった。

　わが国では、戦後の1948年に証券取引法が成立して、金証分離の原則を導入した。証券取引法第65条によれば、銀行に対して

「有価証券の売買、引受、売り出し、募集・売り出しの取扱をしてはならない」と証券業務を禁止している。この理由として、当時この法律の制定に関与したＧＨＱ関係者は「証券の引受は本来、危険を伴うもので、金融機関や信託銀行がおこなうべきものでない。これらは預金者の資金の安全を図る責任があり、その資金を危険の伴う業務に使うことは許されない」と述べている。

1−7　銀行と証券の分離原則の廃止

　1990年代に入り、新しい金融制度のあり方として、銀行と証券の相互乗入れ方式が検討されてきた。アメリカではついに金証分離の原則を廃止してＦＲＢの許可のもとで銀行が証券業務をできるようになった。わが国でも、ようやく両業務の境界は低くなり、実際、以前できなかった国債の窓口販売は1983年から、公共債のディーリングは1984年から銀行ができるようになった。反対に証券会社にも証券担保金融やＣＤの取扱いが認められた。また、銀行による既存の証券会社への経営参加も次第に増えている。

　1992年に金融制度改革法案が成立、翌年に施行された。あわせて、証券取引法と銀行法が改正され、銀行と証券会社がお互いの分野に相互に小会社方式で参入できることになった。現在までに19の銀行が証券子会社を設立した。1993年に農中証券、興銀証券、長銀証券が、1994年には都銀として初めての子会社あさひ証券が発足した。しかし、中小証券会社の経営に配慮してか、当初の業務範囲は限定的であった。つまり、銀行がつくる証券小会社は、

証券業務の要である株式売買はできず、普通社債、転換社債やワラント債の引き受け・販売は新発債に限られた。その後、1999年下期から株式売買が全面的に可能となった。2000年8月には興銀証券および東京三菱証券がそれぞれ総合メディカル、およびアオイ電子二社の株式新規公開で初の主幹事となった（日経 2000.8.11）。地銀として唯一証券小会社を設立した横浜銀行はこの分野から撤退し、1999年に会社を清算し東海銀行に業務を委託した。

　親銀行と証券子会社の間の人的交流も資本の交流も厳しく制限されている。同一建物への入居も情報資源の共有も禁じられている（ファイアーウォール）。当然のこととして、コンピュータおよびディーリングルームの共有も禁じられている。また、銀行員が一旦証券子会社に出向になると銀行に戻ることは難しい。

　証券会社は当初から銀行業務への参入は考えず、信託業務を狙って、1993年に信託子会社を設立した。

　公正取引委員会は、大手都銀、大手証券3社、および業界シェア10%以上の生保、損保の一体化を禁止しているから、金融ビッグバンとなってもユニバーサル・バンキングは日本には生まれそうにない。

　しかし、1998年12月に金融システム改革法が施行され、金融持ち株会社のもとで、銀行、証券、保険の兼業が認められた。現在、金融大再編劇が演じられている。

2 株価の決定要因

2-1 株価の決定要因はPERかPBRか

　かつては、株式利回りが銀行預金利率と遜色ない時代もあった。現在は株式利回りも預金利率も低水準となった。利回りが1％台にはりつくような水準（表4-1参照）では、株価の決定要因としての力はない。株価形成の理論については、「PER」を基準とする説と「PBR」を基準とする説が対立する。

　株式を持っていると、配当という収益が得られる。配当の源泉は利益であるから、株価の基準として利益を考える見方が当然出て来る。この点からの株価の尺度がPER（Price Earnings Ratio, 株価収益率）である。PERは、1株あたりの利益の何倍まで買われているかを示す尺度である。たとえば、1株当りの利益が40円、株価が2000円ならば、PERは50倍になる。

　さらに、一株当りの純資産から株価水準を見る投資尺度として、PBR（Price Book value Ratio、株価純資産倍率）がある。純資産は、資産から負債を差し引いた残りである。かりに企業が解散したとして、株主の手元に納まるものである。PBRが0.7ならば、株価は解散価値（純資産）を大きく下回っていて割安と言える。ただし、日本の資産評価は基本的に簿価であり、貸借対照表の資産や負債が実態とは違う場合がある。含み資産がある場合も、逆に不良資産のある場合もある。簿外債務の場合もある。

　利回り＝1株当りの配当／株価

PER＝株価／1株当りの利益

PBR＝株価／1株当りの純資産

2-2　PERとPBRのデータ比較

　PERは、約97倍（表4-5参照）であり、いわば向こう97年間の利益を買っている計算になる。1999年でみると、アメリカ33.29、イギリス26.7、ドイツ26.0、フランス24.6、韓国38.4、台湾33.1、香港26.8、シンガポール32.8、中国32.2。国際的に見て、日本のPERは高すぎて、株価の説明力は弱い。そこで、日本の株価水準を説明する理屈として、PBRが使われる。会社の資産に注目したものである。表4-6を見ると、2000年のPBRは1.2である。

表4-5　東証のPERとPBR（単独ベース）

	株価収益率 （PER、倍）	純資産倍率 （PBR、倍、前期基準）
225種	97.07	2.60
全銘柄一部	94.58	2.19
全銘柄二部	82.66	1.19

（出所）日経2001.5.19

表4-6　PERとPBRの比較（東証第一部）

	1971	1980	1985	1990	1995	1996	1997	1998	1999	2000
PER	14.9	20.4	35.2	39.8	86.5	79.3	37.6	103.1	—*	170.8
PBR	1.8	2.2	2.9	2.9	1.9	1.8	1.2	1.2	1.6	1.2
一株当たり利益	13.5	19.5	20.5	30.4	10.2	10.0	14.5	5.1	△3.7	3.1

（出所）東証『証券統計年報』1998年版、同『東証要覧2001』p.17
*一株当たり税引利益がマイナスのため、算出せず。

3　株価動向の目安

3－1　日経平均株価の歴史

　個々の銘柄の値動きを見ていても、相場全体の地合いや方向性はつかめない。そこで用いられるのが、日経平均株価（Nikkei Stock Average）あるいはTOPIX（Tokyo Stock Price Index，東証株価指数）である。前者は限られた225社の株価の平均値であるのにたいして、後者は東証一部株式市場に上場されているすべての銘柄の株価の総計を基礎とする。

　日経平均株価は、日本経済新聞が作成している。日経平均の呼び名は、新聞各社で異なり、朝日新聞は225種平均株価、読売新聞と毎日新聞は平均株価（225種）、産経新聞は平均株価と呼んでいる。

　日経平均株価は、戦後の1949年5月16日つまり東京証券取引所をはじめ大阪および名古屋の証券取引所が開所した日から計算が始まった。

　一般に、相場の変動を正確に示すには、増資（株式分割、有償発行）の権利落ちによる株価下落（新株を無償あるいは時価より安く売るとその分株価が安くなる）を修正しなければ、株式相場の正確な動向はつかめない。権利落ちのたびに株価は下げるが、実質的な値下がりでない。このためにあたかも権利落ちがなかったように修正倍率をはじき出して平均株価を計算するのが、アメリカのダウ・ジョーンズ社が考案した計算法である。ニューヨー

ク株式の平均株価が工業株30社のダウ式平均であるのに対して、日経平均株価は225社のダウ式平均である。

3－2 日経平均株価の定義

　日経平均株価 P^N_t は、東京証券取引所が再開された1949年5月16日に上場していた485銘柄のなかの225銘柄の単純平均（176円21銭）を出発点とする株価指数。すなわち、最初（t-1期とする）の P^N_{t-1} は、225銘柄の株価 $P(1),...,P(225)$ の単純平均である。すなわち、分母の除数を225として、

$$P^N_{t-1} = \frac{P_{t-1}(1) + \cdots\cdots + P_{t-1}(225)}{225} \qquad (1)$$

　その後の平均株価は、ダウ式修正法で権利落ちに伴う株価下落を継続的に修正して計算されている。つまり、分母の除数を225ではなく、これを調整した「恒常除数」Jを用いて計算している。
　いま、t期になって、はじめて、ある銘柄jに権利落ちが生じたとする。簡単化のために、j以外の銘柄の価格は変動がなかったとする。権利落ち直後の理論価格 $P^*_t(j)$ は権利落ち直前株価 $P_{t-1}(j)$ よりも小さくなる。すなわち、

$$P_{t-1}(j) > P^*_t(j) \qquad (2)$$

　たとえば、6000円の株が1:2の株式分割をすれば、理論価格は3000円になる（権利落ち前後で資産価値は変化しないとすると、

$6000 \times 1 = 3000 \times 2$)。調整前の日経平均株価 P'^{N}_{t} は

$$P'^{N}_{t} = \frac{P_{t}(1) + \cdots + P_{t}(j) + \cdots + P_{t}(225)}{225} \quad (3)$$

となる。ここで、現実の株式市場において、権利落ち直後の実際の株価がその理論株価にほぼおちつくことを仮定することは不合理ではない。すなわち、

$$P'_{t}(j) \fallingdotseq P^{*}_{t}(j) \quad (4)$$

このとき、(2) 式と (4) 式から、

$$P_{t-1}(j) > P'_{t}(j) \quad (5)$$

となる。前述の例では、6000円の株は実際に3000円位になるというわけである。ここで、j以外の銘柄の株価が t-1 期と t 期にかけて変化せず、つまり任意の $k(\neq j)$ の株価に関して、$P_{t-1}(k) = P_{t}(k)$ を仮定すると、(1) 式と (3) 式より、

$$P^{N}_{t-1} > P'^{N}_{t}$$

が成立する。しかし、実質的に銘柄 j の株価は下がったわけでないから、t-1 期と t 期の日経平均株価は等しくなければならない。そうでないと、株式市場の相場観とあわない。次の式をみたす新しい除数 J^{N}_{t} を求める。

$$P^N_{t-1} = \frac{P_{t-1}(1) + \cdots + P^*_t(j) + \cdots + P_{t-1}(225)}{J^N_t} \quad (6)$$

かくて、t 期の日経平均株価の除数は225から J^N_t に変更された。t 期の日経平均株価 P^N_t は次式で求める。

$$P^N_t = \frac{P_t(1) + \cdots + P_t(j) + \cdots + P_t(225)}{J^N_t} \quad (7)$$

権利落ちが発生するつど、こうした除数を累積させる。

3－3　日経平均株価の数値例

いま、単純化のために、t-1期の日経平均採用銘柄を3銘柄A、BおよびCとして、それらを、株価をそれぞれ400円、900円および500円とする。日経平均株価は600円である。

$$P^N_{t-1} = \frac{400 + 900 + 500}{3} = 600$$

いま、900円の株が1：2の株式分割を行ったとする。権利落ち直後の理論株価は、

$$1株 \times 900円 = 2株 \times x円$$

より、x ＝ 450円となる。分割前後で株主に損得はない。

　他の銘柄の株価が変わらないとき、権利落ち調整をしなければ、日経平均株価は

$$P^N_t = \frac{400 + 450 + 500}{3} = 450$$

となり、値下がりの計算になる。日経平均株価が600円から450円に大きく値を下げていることになる。しかし、これでは相場観とあわない。誰も損していない。(6) 式より

$$P^N_{t-1} = \frac{400 + 450 + 500}{J^N_t}$$

から、恒常除数 J^N_t は、

$$J^N_t = (400+450+500) / 600 = 2.25$$

となる。

さて、権利落ち直後の銘柄Bの株価が510円になったとする。このとき、(7) 式より、日経平均株価は

$$P^N_t = \frac{400 + 510 + 500}{2.25} = 626.67$$

となり、実質的には日経平均株価は値を上げている。

なお、実際の計算に際しては、つぎの3点が注意点である。
（1）額面金額50円以外の銘柄については50円ベースに引き直す。たとえば、採用銘柄に含まれる額面価額500円、時価2500円の電力株は、株価を1／10にして、時価250円とする。
（2）無額面のセブン－イレブンは50円額面、ＮＴＴドコモは5

万円額面とみなす。

（3）J^N_t 計算の際、権利落ちのない銘柄は前日価格を用いる。t期の修正倍率 Q^N_t を次式で定義する。

$$Q^N_t = 225 / J^N_t \qquad (8)$$

これより、（7）式は

$$P^N_t = \frac{P_t(1) + \cdots P_t(j) + \cdots P_t(225)}{225} \times Q^N_t$$

$$= 225種単純平均 \times Q^N_t \qquad (9)$$

2001年7月5日の修正倍率 Q^N_t は、10.495（日本経済新聞2001.7.6株価欄参照）である。これを確かめるのは至難の技である。1949年の再開当初から225銘柄にわたり約半世紀に及ぶ株価変動を追跡しなければならないからである。銘柄の入れ替えも考慮しなければならない。（9）式に $Q^N_t = 10.495$ を代入すると

$$P^N_t = 225種単純平均 \times 10.495 \qquad (10)$$

となる。つまり、（10）式より日経平均 P^N_t は単純平均を10.495倍したものである。

単純平均が5円上がれば、東証平均株価は52円上がることになる。（8）式を使えば、恒常除数 J^N_t は

$$J^N_t = 225 / 10.495 = 21.439$$

と書くことができる。

3－4 留意点

日経平均株価については、次の諸点に留意したい。

(1) 配当権利落ちについては、日経平均株価の修正をしない。ここに、配当権利落ちの修正をおこなう個別銘柄の株式投資収益率との違いがある。他に、時価発行増資、転換社債による資本組み入れについても、日経平均株価の修正をしない。

(2) 日本経済の産業構造の変貌に伴い、225種の採用銘柄の入れ替えなどの努力をしているものの、現在の市況を全体にカバーしていない。

(3) 1474にも及ぶ上場銘柄の15％程度のカバー率に加えて、業種の偏りがあり、第一次産業や軽工業が相対的に多い。

(4) 株式分割が生じない場合、分割率＝1とする。

(5) 2000年4月に30銘柄を入れ替えた。「この入れ替えで日経平均は市場動向を一段と反映するようになり、株価指数としての指標性は高まっている（日経、2000.7.15）」。その根拠として、日経平均が採用している225銘柄の売買代金が全銘柄の売買代金で見て、入れ替え以前の51％から68％にまで上がったこと、時価総額も同じく全銘柄の時価総額で見て52％から69％にまで上がったとしている。

3-5 TOPIX＝東証一部上場1474社の株価の時価総額の指数

TOPIXは、1969年7月1日、証券不況から立ち直った時期に生まれた。指数算出の基準値は、1968年1月4日の大発会の時価総額を100とする。東京証券取引所はそれまでずっと作成していた225種平均株価を捨てて、これを日本経済新聞にゆだね、新しいTOPIXを代表的な株価指数の座につけようとした。

基準時価総額を Kt と書けば、一部上場 n 社に関して

$$Kt = P(1)w(1) + ... + P(n)w(n)$$

ただし、P(i)は銘柄 i の株価で、w(i)は発行済み株式総数。いま、前節の数値例を使って、TOPIXを計算する。ただし、各銘柄の発行済み総数は、それぞれ1万株、5万株および2万株。

A	B	C
400円	900円	500円
1万株	5万株	2万株

$$Kt = 400 \times 1 + 900 \times 5 + 500 \times 2 = 5900$$

翌日の株価が次の場合には、TOPIXを Px とすると、

A	B	C
410円	950円	510円
1万株	5万株	2万株

$$Px = \frac{410 \times 1 + 950 \times 5 + 510 \times 2}{5900} \times 100 = 104.75$$

3－6　ニューヨークダウ平均

　ニューヨーク株式市場上場の30社のダウ式修正株価平均。除数は1896年当初は銘柄数12であった。1928年に銘柄数を30に増加する。このときの除数は30。これが株式分割の影響を加味して、現在では、0.20435952。採用銘柄1社の株価が1ドル上げれば、ダウ平均は約5ドル上がることになる。ナスダック市場の銘柄であるインテルとマイクロソフトを、1999年11月に新規組み入れ。なお、イギリスのファイナンシャルタイムズ（ＦＴ）100種総合株価指数は時価総額上位100銘柄で構成。

　また、毎日新聞社は株価指数J30を1998年11月から公表。ニッセイ基礎研究所と投資情報会社フィスコと共同開発。日本を代表する30社の株価平均であり、バブル崩壊直前の1989年12月29日の株価を基準に開始。3000円台は最初と同じレベルであり、日本を代表する企業群はすでに立ち直ったとみることができる。

4　インサイダー取引

4－1　株価と投機

　株価が企業の実体（ファンダメンタルズ）を正確に反映している保証はない。正確に反映している時に予想される株価の変動よりも激しく上下する。これは、株式投資とは、明日、1週間後、1カ月後、半年後といった将来の価格を対象とした賭であり、他

の投資家がどういう行動をとるかを予想し、株を売買する行動になるからである。思惑が思惑を呼び、株価は過度に反応する。過大に反応した市場が一時期の熱気からさめると、株価はファンダメンタルズの水準を突き抜けて下がる。好材料がでれば、株価は上がり、悪材料がでれば、株価は下がる。投機が株式売買の目的となれば、株価は本来のファンダメンタルズを超えて上がり続ける。株価とファンダメンタルズとの差をバブルという。

　株価上昇が強ければ強いほど、バブルは膨張する。しかし、バブルは永遠に膨らみ続けるのではなく、いずれ破裂する。企業の実態に支えられた上昇ではなく、思惑だけで上昇してきたために、相場はいずれ行き詰まる。このような株式投資の失敗の例は限りない。

4－2　インサイダー取引

　現代は情報の時代であり、「情報は力」である。種々の情報が飛び交い人々はそれに流されていく。株の世界は、「情報こそカネ」である。だれよりも早く未公開の質の高い情報を手にいれた者が富と力を得る。証券市場も例外ではない。企業のインサイダー（内部者）が未公開の内部情報を利用して、株式の売買で利益を得てないとは誰も言えない。2001年春に皇太子妃雅子様のご懐妊のニュースが流れた。正式発表は午後であったが、育児関連銘柄が朝から出来高をこなしていた。正式発表を事前に知っていた人がいたのである。

当該企業の経営者や大株主にとどまらず、当該企業にたいして法令に基づく権限を持つ者や契約を結んでいる者、あるいは重要情報を伝えられた者がインサイダーにあたる。インサイダー取引があった場合、それを知らずに参加しているアウトサイダーは不公正さを感じ、証券市場に疑念を抱くことになる。不公正な市場に嫌悪感を抱き、市場に参加しない事態になれば、国民経済の適正な資金配分が損なわれることとなる。ひいては、国民経済の効率的な運営を阻害するであろう。この点に、インサイダー取引を規制する根拠が生まれて来る。また、一般投資家が株式市場から離れていった場合、最初に一番困るのは証券会社である。株式売買手数料が入らなくては商売にならない。

　インサイダー取引で関係者が利益を得るのを「役得」と済まして良いのだろうか。かつては証券会社の役職員がインサイダー情報で有価証券の売買をしていた。これを「手張り」といい、横行していた。また、主要銀行や主要取引先には重要案件の証券取引所での決算発表の前に事前に「根回し」して、決算を伝えていた。一事が万事、日本はインサイダーには甘かった。1965年以来、証券会社は免許制であったから、インサイダー違反行為続発となれば、大蔵省は監督責任を問われかねない。大蔵省は自らの失政と見なされることを恐れて、業界の自主規制に任せて事実上、野放しにしてきた。

　証券取引法第166条に会社関係者であっても上場会社等の業務等に関する重要事実を知った者は、その重要事実の公表（後に説

明）がされた後でなければ、当該上場会社等の特定有価証券等に係わる売買等をしてはならないと規定している。会社関係者とは、役員、主要株主、役員の配偶者・親族、大株主、関係会社、幹部職員、退任役員、親会社の役職員、および小会社の役職員。証券会社では、新規顧客に口座開設時に、勤め先の名称、及び役職を記入してもらう。世帯主でなくとも、世帯主の勤め先と役職を記入させている。会社関係者でなくなってから１年以内の顧客にも記入させている。

重要事実（株式分割、利益の配当、合併・買収、破産申し立て、新製品の開発、新技術の開発、業務上提携）は、まず東京証券取引所のＴＤシステムに流さないといけない。これをもって東証は公表とみなしている。これに対して、証券取引法施行令30条は、会社代表者等が情報を二以上の報道機関に公開してから、周知期間（12時間）が過ぎたものを公表とみなしている。12時間が経過するまでに、株式の売買をした場合、インサイダー取り引きとして罰せられる。３年以内の懲役か300万円以下の罰金に科せられる。

たとえば、新製品の開発を知った従業員が事前に株式を購入して、利益を得た場合罰せられる。インサイダー取り引きの禁止は、取引所上場の証券に限られ、店頭証券にはまだ及んでいない。これは問題である。

4−3 アメリカのSECと日本の証券取引等監視委員会

アメリカでは、SEC（証券取引委員会）が3200人（弁護士2000人と会計士600人を含む）のスタッフを擁して年間300件のインサイダー取引を摘発する。この取引には、不当利得とほぼ同額の罰金を科す。SECが情報開示の徹底と市場監視を強力に推進して、市場の透明性をあげることに成果をあげている。

1989年には「ジャック・ボンド」の帝王、マイケル・ミルケンがインサイダー取引で逮捕され、罰金6億ドル、禁固10年に処せられた。人的資本の重要性を認識した彼は、出獄後の1996年に5億ドルの私財を投じて、「ナレッジ・ユニバース」なる教育企業を設立した。インターネットを使った教育を展開している。

1929年のウォール街の大暴落が起こるまでニューヨーク市場は、何でもありのやりたい放題のマーケットであった。アメリカ政府は、大暴落を情報操作と株価操縦がまかりとおっていた株式市場の自己破産と見なして、不正な市場を再建する切り札として1934年にSECを設立した。SECの初代委員長は故ケネディ元アメリカ大統領の父親ジョセフ・ケネディ。証券取引の表裏を知り抜いた人物でないと不正は見抜けないという発想で選ばれた。

日本では、1991年に明るみになった証券取引にからむ損失補填スキャンダルを契機にして、ようやく1992年になって証券取引等監視委員会（日本版SEC）を創設した。日常の証券監視、証券会社に対する検査、法令違反調査を担当している。「3年以内の懲役もしくは300万円以下の罰金又は併科」を科すことになった

(証券取引法第198条)。検査はできても、行政処分を取ることは出来ない。平成11検査事務年度(平成11年7月1日から平成12年6月30日)において、インサイダー取引1件を証券取引法違反で告発をおこなったことが委員会のホームページに報告されている。2001年7月に金融庁は国際証券に3日間の全業務停止を命令。証券取引等監視委員会が調査したものの検査忌避を繰り返したための強硬措置である。

貴重なご意見、ご質問に答えます（4）

> Q．中国がＷＴＯに加入することになったという新聞記事がありました。このことにより世界経済はどのように変化しますか。中国の市場経済主義（労働人口）が西側市場経済国家にどのような影響を及ぼしますか。

A．人口十億人を超える中国が、しかも最近市場経済の導入で高度成長を続ける中国が、世界の貿易の最前線に自信を持って登場してきた意味は大きい。2020年にはアメリカを抜いてＧＤＰで世界一の超経済大国になるというＯＥＣＤの予測すらある。世界経済に占めるアジアの地位は一層高まり、そのアジアの主導権は経済面でも政治面でも中国がとることになろう。日本としてはアメリカよりもむしろ中国との貿易がより重要となろう。アジアで米中の緊張関係が高まる局面も増えてくるに違いない。

> Q．大手Ｎ證券が今後持ち株会社に移行するとのことでした。持ち株会社制度を適用することのメリットは何でしょうか。これで日本の企業は強くなれるでしょうか。また、ベンチャーキャピタルにもお金がまわりやすくなるのでしょうか。

A． 1997年に独占禁止法が改正され、一般事業会社に持ち株会社が解禁され、翌年には金融機関にも持ち株会社が解禁されました。

さて、N證券とは、野村證券のことだと拝察します。野村證券株式会社は、2001年6月28日の株主総会で、持ち株会社に移行することを決定しました。持ち株会社は野村ホールディングス株式会社となり、①企画（財務、システム等を含む）、②ＩＲ、広報、③法務の機能を持つ。そして、引き続き東証等への上場を維持する。証券業務機能は、野村證券株式会社が担当する。この会社は非公開で持ち株会社の100％小会社である。

持ち株会社移行の目的として、

「証券業をコアとする金融サービスグループを形成し、統一的、機動的に経営戦略を遂行することにより、株主価値の更なる増大を目指したグループ経営を推進します。

	野村ホールディングス	野村證券
事業内容	持株会社	証券業
資本金	1827億円	100億円
自己資本	1兆5260億円	5500億円
従業員	数十名	約11000名

◇グループ経営の明確化・持ち株会社をグループ経営における経営機能と位置づけます。

◇アセット・マネジメント業務の独立性の明確化・持株会社体制への移行により、＜新＞野村證券と野村アセットマネジメント株式会社は兄弟会社の関係になります」。

日清製粉は2000年に事業持ち株会社化。40年前に多角化が始まり、製粉、食品、飼料、ペットフード、医療、エンジニアリングと事業分野が広がり、正田社長は「各事業はユーザーも流通チャンネルも、仕事の時間軸も異なり、全く違う文化を持っているのに、日清製粉という一つの文化のなかで仕事をすることに、皆が多少の不便を感じていました」。ですから「分社化の最大の狙いはそれぞれの事業会社がそれぞれのマーケットにベストフィットしたやり方でやるということです。そうでなければこれから競争には勝ち抜けません（http://economist.mainichi.co.jp）」。

　持ち株会社化のメリットとして、異業種参入などの意思決定が迅速化され機動的に事業が再編できること、合併や買収などの強引な手段をとることなくスムーズに他企業の経営権を掌握できるなどがあります。しかも従業員を本体に丸抱えることも必要ありません。人事・雇用体系を共通化することなく各社の実情に即した給与体系がとれる利点もあります。

　野村ホールディングスの場合、投資目的ではなく事業活動を支配するために他の金融機関を支配することが容易となります。グループ全体の経営戦略の立案や個別企業のチェックを野村ホールディングスが行い、子会社の野村證券は日常業務に専念する。いち早く1999年に持ち株会社化を果たした大和証券グループでは、大和証券ＳＭＢＣは投資銀行業務を担い、業績に応じた報酬体系を取る。大和証券は個人相手のリテールに専念。

Q．NASDAQ指数の計算方法を教えてください。

A．アメリカの店頭市場であるNASDAQ（National Association of Securities Dealers Automated Quotation System）に上場する約5000の銘柄の加重平均株価指数。全米証券業協会が運営する。ウェイトは発行済み株式数。基準値は、1971年2月8日の時価総額を100とする。当時の銘柄数は282社。インテル、マイクロソフトそしてシスコ・システムズがナスダック御三家。NASDAQはニューヨーク証券取引所を抜いて、売買高（1994年）、売買代金（1999年）、時価総額の三冠王を達成する日も近いと言われたこともある。

Q．日経平均やTOPIXは景気動向を測る意味では良いと思うのですが、取引の参考としてはどの位信用できるのですか。

A．20世紀最大の経済学者ケインズは、心理的な側面を重視していました。株価は先行きを予感して決まりますから、日経平均が大きく下げますと人々の将来への不安感が生まれてきます。消費は手控えられ貯蓄にお金を回します。取引活動は弱いものとなります。日経平均は人々の心理、ひいては日常の取引活動にも影響を与えると言えます。

> Q．最近、信託銀行に預金をしたら、画面に「元金は保証できません」と表示され、確認のキーを押さなければ、画面が前に進みません。びっくりしました。銀行も将来そのように変わっていくのですか。

A．信託銀行は顧客からの預金を公社債を中心に運用しています。公社債の価格は変動しています。利子は確定していますが、債券価格は変動しています。信託銀行の運用力を持ってしても社債発行企業が破産した場合、信託銀行としては、顧客に元金の保証は100％できないことになります。また、利子についても、あくまで「予想利回り」ないし「予想配当率」と明記しています。

　銀行も同じく実は元金保証はできません。いままで問題がなかったのは、政府が後ろ盾になっていたからです。たとえ銀行の経営が破綻となっても、政府が他の優良銀行に救済させたりして、預金者には迷惑をかけていません。しかし、2002年からペイオフ（pay off）が実施されます。字義通り払わないです。1000万円を超える預金は保護されません。たとえば、1700万円の預金をある銀行にしていて、この金融機関が経営破綻した場合、政府保証の1000万円に加えて、プラスこの銀行が出せる金額となります。

Q.『金持ち父さん、貧乏父さん』(ロバート・キヨサキ&シャロン・レクター、ちくま書房、2000年、2000円)を読みました。借金だらけでも買わなければ自分のものにはなりません。借りれば家賃がバカになりません。先生はこの様な日本の状況をどう思われますか。

A.日本経済は「保有価値」の時代から「利用価値」の時代になりました。地価がここまで下がってくると、そして右上がりの時代はとうの昔に終わったと実感します。今、住宅を購入しても、土地も建築費もまだ下がります。家賃もずいぶん安くなりました。二千万円あれば、自宅購入資金に回すのが常識的な考えです。しかし、自己住宅購入に回すのでなく、単身者用の賃貸用の物件の購入にあてて、家賃収入を楽しむのも一つの賢明な策かと思います。

Q．マザーズ上場のスカイパーフェクトＴＶのスカイコミュニケーション株を購入しようと思っていますが、「衛星放送業界はバクダイな赤字資本で成り立っているからやめとく方がよい」と上司にアドバイスされました。地上波も元気になってきたことを思うと、やっぱヤバイかなと思いましたが、「スカパー」が伸びるだろうと予測したのは、家にアンテナを設置にきた下請けの技術屋さんがとても頭がよくすこし変人ですが、「電機系はまかせておけ」のようなオタッキー系ですが、誠実で…というような人材としての資本が期待できそうな気がしたからです。そして「頑張ってくれ」というような気持ちで購入しようと思ったのでした。
　上場当時は16万円くらいで今は11万円台でやっぱり当時買わなかって良かったと思いました。まだまだ下がるでしょうか。今が底うちで買い時でしょうか。でも、やっぱりマザーズ株は危険なのでしょうか。

Ａ．鳴り物入りで登場したスカイコミュニケーションの今後を予測するのは、わたしにはできません。

Q．先物売買の相手は誰なのか。個人か証券会社か。売り方と買い方の数量が丁度合うとは限らないが。

Ａ．取引には、相対（あいたい）取引と市場取引があります。相

対取引ですと、必ず取引先と直に交渉して値段を決めます。しかし、先物売買は市場取引ですから、証券会社が仲介して、多くの人が集まる市場で相手方を捜すことになります。経済学の最初の授業で説明を聞くのが市場。「いちば」ではなく、「しじょう」と読むと教えられます。不特定多数の人々の売りと買いを価格を指標として結びつけるのが、市場の役割です。相手方との数量や価格が一致しないと、取引は不成立となります。しかし、相手は一人でなく複数多数いるでしょうから、おそらく成立となります。

Q．若い人たちが大学卒業後に大企業に勤めずにベンチャー企業を起こすことは、今後の日本経済発展に必要なのですか。

A．必要です。第二のホンダや松下、シャープが生まれて欲しいと思うのはわたしだけではありません。勝手に生まれてくるといっても、なかなかです。融資姿勢も厳しいものです。担保が必要です。銀行の借金は返済しなくてはなりません。ベンチャーキャピタルは融資しません。投資します。かりに、失敗しても返済の必要はありません。

　固定的な商慣習をひきずる企業ではこの停滞の時期を脱することはできません。世界に冠たる大メーカーであっても、10年先、20年先はわからない。すでにGDPに占める製造業のシェアは三分の一を切っている。もう頼りにならない。まして、グローバル・

スタンダードに達していない金融などの第3次産業は厳しい。大企業に代わるベンチャー企業を興さないといけない。成功したベンチャーは新たに雇用を生み出します。「ドリームズ・カム・ツルー」は、新しい発想を持つ青年こそが挑戦できる課題です。若者が失敗しても、失敗したと笑わずに再挑戦を暖かく見守る姿勢が大事です。

Q．他の方の質問のなかでマスコミのなかで新聞社の株式のみが非公開とされているが、これは上場すれば、何か不都合があるのでしょうか。再販売価格によって守られたり、報道の自由と言論の自由を楯にして、一般から見れば、第四の権力を発揮しすぎの傾向があり、それにより内容の低下も見受けられるようですので、株主からのけん制も必要かと思うのですが。

A．現在のところ、日刊新聞社は法的に非公開となっています。法律を改正してこれを公開としてはというご意見と拝察します。公開はやはり弊害が多いと思います。善意の株主ばかりではありますまい。新聞を購読するかしないかは我々が決めます。巨人が嫌ならY新聞を購読しないように、嫌なら購読しないことです。

Q．企業判断指数として、ＰＥＲやＰＢＲが採用されることが多いことを話されました。先生は貸借対照表や損益計算書の話の中でキャッシュ・フローもこれからの企業判断の材料であると国際的に重要と言っておられました。利益、総資産の他に、キャッシュ・フローをかます投資判断指数はないですか。

Ａ．貴重なコメント、ありがとうございます。一株当たり利益はＰＥＲで、一株当たり純資産はＰＢＲで見ますから、一株当たりキャッシュ・フローの指標は何かとはごく当然のご質問です。ＦＣＦＲ（free cash flow ratio）です。フリーキャッシュ・フロー（ＦＣＦ）とは、営業キャッシュ・フローから現在の事業を維持するための設備投資を引いたものです。実務的には、ＦＣＦは、税引き利益に減価償却費を加え、配当と役員賞与をひいたものです。これを発行済み株式総数で除して、一株当たりのキャッシュ・フローを計算して、これで株価を割るとＦＣＦＲとなります。

　　　　ＦＣＦＲ＝株価／一株当たりフリーキャッシュ・フロー

　配当と役員報酬をひとまず無視すると、税引き利益に減価償却費を加えたものがＦＣＦとなります。減価償却費は社内留保されて社外に流出しません。企業が大型投資を断行すると一時的に減価償却費は膨らみその分利益は減少します。しかし、新設備が軌道に乗ると中長期的に利益は拡大します。つまり、ＰＥＲが利益に注目する尺度であるのにたいして、減価償却費を加味したＦＣＦＲは将来的な成長を重視した指標と言えます。

同一業種の二つの企業（発行済み株数1億株）があって、利益はいずれも100億円とします。一株当たりの利益は100円（＝100億円／1億株）です。株価は2000円とします。ＰＥＲはいずれも20です。一方は新投資に慎重で減価償却費が10億円の企業オクビョウ、他方は積極的な設備投資をしていて減価償却費は100億円の企業セッキョクがあるとします。このとき、ＦＣＦＲはオクビョウが18.2（＝2000円／110円）、セッキョクは10（＝2000円／200円）となります。株式市場はセッキョクに割安感があると判断するでしょう。ただ、強気な設備投資は裏目に出る場合もあり、投資内容の検討が重要です。

> Q．ＰＥＲが100近いということは、「株価が高い」ということですが、健全な数値はどのくらいですか。

Ａ．客観的にこれという数値は一般にはありません。たとえば、将来的に大型新薬を開発販売できる見通しならば、ＰＥＲが高くても問題はないわけです。現在の収益は低くても将来的に大きく伸びるとなれば、株価は高くなり、ＰＥＲは大きくなります。欧米で20から30です。このあたりが常識的な水準でしょう。

Q．ＰＥＲとＰＢＲは情報開示されていますか。また、その数値は株を購入する際の参考になりますか。

Ａ．『会社四季報』には、二つの数値は掲載されていません。しかし、一株益（税引後利益）と一株株主資本が出ていますので、株価をこれらで除すことでＰＥＲとＰＢＲは求められます。いずれも、株式購入の際の一つの目安にはなります。しかし、株式投資は、二十世紀最大の経済学者であり自らも株式投資家であったケインズが言うように、美人投票です。一番の美人に票を入れた人が儲かるのでなく、一番の美人とみんなが考えるであろう女性に票を入れた人が儲かる仕組みです。業績が良くても投資家の関心や人気を呼ばなければ株価は上がりません。悪くてもみんなが買えば株価は上がります。

Q．日本版ＳＥＣはなぜ行政処分ができないのでしょうか。

Ａ．証券取引等監視委員会は金融庁の外局です。しかも、わずか112名の陣容です。摘発はできます。国税庁の査察のように裁判所の認可を得れば強制検査もできますが、行政処分権はありません。

Q．日経平均の計算をもう少しやってほしかった。電卓持参してきました。

A．申し訳ありませんでした。時間の関係で十分に説明できませんでした（追記：説明と数値例を本文に加えました）。

Q．最近よく聞くＲＯＥとは何ですか。

A．株主資本利益率（ Return on Equity ）です。ＲＯＥは一株当たりの純資産（株主資本）で一株当たりの利益を除したものです。
　　　ＲＯＥ＝一株当たりの利益／一株当たりの純資産
つまり、株主資本を使っていかに効率的に利益を上げているかを示す指標です。

第5章　法人税、ベンチャー・ビジネス　そして21世紀の会社像

1　法人税と所得税

1－1　所得税は累進課税、法人税は一律課税

我が国の所得税は累進課税となっている。課税所得の高い人ほど、適用される税率は高くなっている（表5－1参照）。

表5－1　平成12年分所得税率表

課税所得	税率	控除額
1000円から329万9000円まで	10%	0万円
330万円から899万9000円まで	20%	33万円
900万円から1799万9000円まで	30%	123万円
1800万円以上	37%	249万円

なお、「課税所得」とは「収入」とは税務的には違う。たとえば、サラリーマンの場合、「給与収入」から「給与所得」を求め、つぎに扶養控除などの所得控除を差し引いて、「課税所得」を求める。課税所得が2000万円ならば、所得税は表5－1より、

$$2000 \times 37\% - 249 = 491 \text{万円}。$$

図5－1　給与収入・給与所得・課税所得および所得税

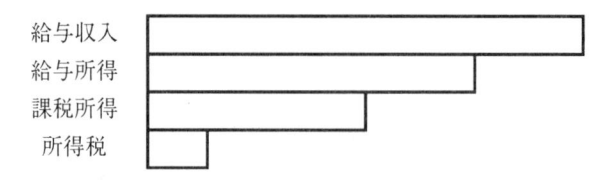

```
給与収入 |████████████████████|
給与所得 |██████████████|
課税所得 |██████████|
所得税   |██|
```

　我が国の法人税は、一律的に所得（利益）の30％である。これは、所得税のような累進制にすると、企業が節税行動に走り、利益を小分けすべく、不要な企業分割を行いかねないからである。これは国民経済にロス以外の何物でもない。

1－2　利益の半分が税金

　法人にかかわる税金には、国税としての法人税の他に、地方税として都道府県税および市町村税がある。県税としては、法人事業税（400万円まで5％、400万円〜800万円まで7.3％、800万円超9.6％）、法人県民税（法人税額の5％）、固定資産税等がある。市税としては、法人市民税（資本金5億円未満、法人税額の12.3％、同5億円〜10億円同13.5％、同10億円同超14.7％）、事業所税、都市計画税、および固定資産税等がある。利益の半分は税金で吹っ飛ぶことになる。他に、東京都は、大手金融機関に対してその業務粗利益に対して2001年度から5年間にわたり、3％の外形標準課税を実施する。東京都は、2001年度には大手31行で899億円を徴収する。

2　ベンチャービジネス

2－1　我が国の現状 ── 高額納税者番付

　土地長者が多く並んだかつての番付は消えて、2000年の高額納税者番付では、株式譲渡所得が大きい「株長者」が上位100人中49人を占めた（表5－2参照）。ベンチャーの成功者の名前が何人か見える。ストックオプション長者が10人を数える。創業者利得に対しては、株式譲渡益に対する課税率は通常の半分の13%である。ベンチャーに対する国の支援策とみてよい。ただし、公開前3年超保有し、公開後1年以内に売却した場合に限る。

2－2　せんみつの世界

　千に三つの成功を「千三つ」という。ベンチャービジネスはまさしくせんみつの世界である。これは恐ろしい。しかし、失敗は成功の元である。失敗から学ぶべきことは多い。失敗は個人や企業にとって、コア・コンペタンスを研ぎ澄ましていく絶好の機会である。失敗という反面教師から学ぶことは実に多い。しかも、成功者には大きい報酬が待っている。その大きさは、西宮市名次町の松下幸之助旧邸（現・松下電器管理の「光雲荘」）を見れば実感できる。松下ももとはベンチャー。「パーク24」は駐車場の自動管理の仕組みを開発。「アート引っ越しセンター」は運搬以外の付加価値をプラス。1910年開業の「箕面有馬電気鉄道」は、田園地帯に遊園地や住宅地を開設した新業態の運輸事業を開発。

表 5-2　2000年分の高額納税者上位 100人
（単位は万円、敬称略、カッコ内は前年順位）

順位	氏名	職業	住所	2000年分所得税額
1 (―)	大塚　正士	元大塚製薬社長、相談役（故人）	徳　島	415,829
2 (―)	三木谷浩史	楽天社長	東　京	188,611
3 (16)	孫　　正義	ソフトバンク社長	東　京	156,180
4 (―)	宇野　康秀	有線ブロードネットワークス社長	東　京	118,130
5 (―)	神山　治貴	マクニカ社長	神奈川	116,618
6 (―)	大塚　　公	大塚化学会長	兵　庫	113,436
7 (―)	大塚　正富	アース製薬会長	兵　庫	113,017
8 (―)	関口　房朗	人材派遣会社会長（元メイテック社長）	愛　知	110,865
9 (5)	斎藤　一人	自然化粧品販売	東　京	108,268
10 (―)	増田　宗昭	カルチュア・コンビニエンス・クラブ社長	大　阪	102,970
11 (38)	神内　良一	プロミス社長	東　京	94,394
12 (1)	岡田　和生	アルゼ社長	東　京	92,903
13 (65)	高橋　洋二	消費者金融会社会長	沖　縄	91,287
14 (―)	深尾　　勲	自家発電装置製造会社社長	東　京	90,122
15 (―)	三木　正浩	靴製造販売会社社長	東　京	73,364
16 (24)	樋口百合子	女性下着販売会社社長	北海道	71,263
17 (―)	三木美智子	元靴製造販売会社役員	東　京	70,280
18 (―)	本田　栄一	住宅資材輸入販売会社役員	東　京	69,292
19 (―)	藤原　　洋	インターネット総合研究所社長	神奈川	66,602
20 (―)	高見　裕一	元衆議院議員	東　京	66,041
21 (―)	位ノ花繁充	元CS放送会社社長	大　阪	63,889
22 (―)	吉川　勝利	インターネット総合研究所役員	東　京	63,755
23 (―)	三木谷晴子	元楽天役員	東　京	63,298
24 (13)	吉田　照哉	社台ファーム社長	東　京	63,202
25 (40)	大竹　美喜	アフラック日本支社会長	東　京	61,724
26 (30)	吉田　嘉明	ディーエイチシー社長	千　葉	60,604
27 (2)	藤田　　田	日本マクドナルド社長	東　京	60,588
28 (―)	野沢　謹五	警備会社社長	新　潟	60,209
29 (―)	藤巻　健史	元モルガン銀行東京支店長	東　京	57,847
30 (―)	青山　孝治	不動産賃貸会社社長	東　京	56,448
31 (―)	柳井　　正	ファーストリテイリング社長	山　口	56,132
32 (―)	大塚　敏美	大塚製薬工場監査役	兵　庫	55,247
33 (51)	田中　清司	女性下着販売会社役員	北海道	53,372
34 (―)	森　　　章	森トラスト社長	東　京	53,078
35 (―)	尾上　浩一	富士通ビー・エス・シー相談役	東　京	53,057
36 (―)	奥村　昌美	自動車輸入販売会社会長	東　京	52,962
37 (33)	神内　英樹	元プロミス副社長（故人）	東　京	52,207
38 (―)	岡田　知裕	アルゼ役員	千　葉	50,297
39 (31)	中島　健吉	平和会長	群　馬	49,397
40 (―)	椿　　幹二	不動産賃貸業	神奈川	47,643
41 (28)	土屋　嘉雄	スーパー経営会社社長	群　馬	47,396
42 (―)	マイナー・アレン	ベンチャー企業支援会社社長	東　京	46,715
43 (15)	山内　　溥	任天堂社長	京　都	46,565
44 (―)	伊沢　房江	元清酒製造会社役員	宮　城	46,558
45 (―)	大塚竜一郎	大塚製薬工場役員	徳　島	46,548
46 (―)	大塚　道子	無職	徳　島	46,195
47 (―)	真鍋　洋子	会社役員	香　川	45,306
48 (―)	設楽　常巳	元インターネットプロバイダ会社社長	東　京	45,163
49 (―)	ダニエルズ・リー	元ケーブルテレビ運営会社社長	東　京	45,039
50 (―)	戸高　　修	シーアイエス社長	東　京	44,769

2−3　日本経済再生の起爆剤 ─ 楽天の成功

　インターネット上の商店街「楽天」。国内最大手のモール。2000年4月に店頭登録市場に新規公開。495億円を調達。社長三木谷浩史。公募価格一株3300万円。2000年7月に1株を8株に分割。現在は100万円を大きく割り込む。2000年12月単独決算で一株利益5551円、一株株主資本48万5991円。出店料は1ヶ月5万円。契約後1年間は解約できない。出店数約5000。各店舗に一人雇用しているとすると、かつての勤務先である日本興業銀行行員6000人に匹敵する雇用を楽天は創出したと三木谷社長は豪語している。

　2000年5月に高値7000万円を店頭市場で記録。楽天は三木谷社長が1997年に創業したベンチャー。通信衛星運営会社、電子メールサービス会社、企業間電子商運営会社を買収。2000年12月に情報検索サイト「インフォシーク」を買収。

　アメリカ経営学の代表的論者、ポーターは、持続的な競争戦略として、低コスト戦略、差別化戦略、あるいは集中戦略をあげている。楽天はまさしく低価格で成功した。

2−4　ベンチャー企業への支援政策

　インフラの整備が第一。これには、成長企業向け株式市場の創設、優遇税制、インキュベーター（incubator、保育器）、リサーチパーク、ベンチャーキャピタル、およびエンジェルが待たれる。

　ベンチャーの支援の心がけとして大事なことは失敗した人を笑わないこと。ベンチャーは、"failure is everywhere"（失敗はよくあ

ること）を常に心に覚えて、これを合い言葉に前に進んでいってほしい。失敗者に再挑戦の可能性を残すことが肝要。失敗を許さない風土では、ベンチャーは育たない。

2－5　ベンチャー企業と大学
（1）ビジネススクールによる人材育成としては、起業家、マネジメントの専門家の養成、そしてベンチャーを支援できる人材の確保。とくに、企業家史の研究はおもしろい。
（2）産学共同研究と教育の推進。とくに、実業界からの客員教授制度の樹立。
（3）リサーチパークおよびインキュベータの展開。組織的な技術移転が可能となる仕組みづくりと経営コンサルティング機能の充実。

3　eビジネス

3－1　ベンチャーの旗手はeビジネス
　マスメディアに連日、eビジネス（電子商取引）がキーワードとして飾られている。新たな21世紀を迎えて、社会変化の起爆剤になりうるITをどう企業経営に利活用していくかがトップ・マネジメントに問われている。
　インターネットを利用したeビジネスの利用状況を見たい。使

う人の立場に立ってサイトを構築しているところが成功している。ゲリラ的な活動が案外成功している。CRM（カスタマー・リレーションシップ・マネジメント）が鋭いサイトは臨場感がある。

3－2　電子商店街「楽天」

「楽天」の現状を見よう。2001年7月現在、契約ショップ数4984店、月間1億3000万ページ閲覧。内訳として、フラワー・ガーデン（140）、フード（947）、ファッション（975）、生活・インテリア（726）、美容・健康・福祉（498）、パソコン・モバイル・家電（413）、…、トラベル・チケット（72）と続く。

フードに注目する。水産物・水産加工品（207）から調味料（29）まである。総菜・食材（103）、卵（15）、米（34）、全国産直品（138）、肉・肉加工品（70）、キムチ・漬け物（56）、麺類（50）、パン（23）、オーガニック・自然食品（26）、フルーツ・野菜（51）、チーズ・乳製品（10）、菓子（103）、調味料（29）。

フードの注目サイトを開く。

（1）信州伊那谷のたまごやさん

ホームページを開けると、「信州伊那谷のたまごやさんは、40年前から手作りのエサにこだわり、産まれたばかりのヒヨコを丹念に育て、美味しいたまごをつくろうと頑張っております養鶏場です」とある。伝言板には、養鶏場からのメッセージとして、「だれかイタチを捕まえて～！！」を流している。イタチがひよこを襲って困っていることを伝えている。何となく臨場感がある。最

後に、二代目の経営者の半生をおもしろく書いて親近感を読者に持たせている。東京水産大学に一浪で入ったり、卒業後二年間大井町のオフィス家具組立会社に勤務したこと等を記述している。インターネットという仮想空間を超えることに成功している。
（2）サントリー

　日本の宣伝広告の新境地を切り開いてきた会社のサイトだけに、注目される。膨大なページを誇っている。おもしろい、役に立つコンテンツを前面に出している。ここでは、新ウィスキー「無頼派」をとりあげよう。この部分もこっている。無頼派日記なる若者の心理を巧みについたエッセイをシリーズものに仕立てて、何となく飲みたい気分にさせている。若者のウィスキー離れに危機感を持ったサントリーがコンビニ向けに開発した戦略商品。サントリーの小浜力情報化推進部課長によると、マスメディアに頼らず、インターネット広告だけで年間5万ダースの売り上げを記録した。これはすごい。ウィスキー関連では、ウィスキー樽のチーク材から作った家具を販売するサイトがある。

（3）日本ハム

　我が国ハム業界最大手のサイトを見る。マス対応とともに、様々な顧客に対応していこうという姿勢が見られる。個々の顧客の好みが多様化してきているので、ワン・ツゥ・ワン・マーケティング志向が強く感じられる。その具体的な例として、「日本ハム楽天ファインショップ」をとりあげよう。これは、機能性健康食品を扱うインターネット上の店舗であり、「食物アレルギーの方で

も発育・健康保持・回復のために使用する事が適当である」とあり、厚生大臣から許可された食品であることを唱っている。「アトピーに優しいＧＬＡを豊富に含むボラージ油を添加しています」とあり、「食物アレルギーやアトピー体質の方に安心して召し上がって頂けます」とある。あるいは、高齢者向けには、「ふわりっこシリーズ」として、良質タンパクがおいしく摂れる食品で、やわらか、お手軽、栄養豊富を謳い文句に、新しいタイプの肉であることを強調している。大企業でも顧客のニーズに個別対応していこうという姿勢が新鮮に映る。従来の大量生産では今後の経営はいけないという危機感の表れである。

（5）まとめ

　ＩＴで注文する顧客はインターネットであっちを見たりこっちを見たりする移り気な人たち、こうした人をぐっと捕まえるには彼らの心をしっかりと捕らえる双方向の仕組みが必要。売り手と買い手は互いに顔がみえない。対面販売以上のものがないとインターネットに顧客は流れない。サムシング・ニューがあるからおもしろい。だからこそ、高い値段で買ってくれる。

　情報鮮度もその一つ。たえず、新しい情報を流していくのは、確かに手間がかかるが、大切なしかけである。

　共有化のしかけも一つ。信州伊那谷の地卵や日本ハムのアトピー性疾患用のハムなどのサイトで様々な情報を共有化するしくみを作って、顧客との臨場感や一体感を盛り上げている。イタチの退治法を教えてなど上手な顧客の引きつけ方。また、情報の流れが

双方向ばかりでなく、その情報がネットワークの中で自然に蓄積してある種のデータベースとすることができる。

3－3　クリック＆モルタル（clicks & mortar）
　従来のアメリカの商売のやり方は、レンガとモルタル塗りの商店中心。ブリック＆モルタル（bricks & mortar）という。これをパソコンをクリックしてeビジネスを展開するから、クリック＆モルタルとなる。eビジネスで目新しさを消費者に訴求したものの、eビジネスのマーケットが小売全体の約１％とあっては、競争は激化する一方で、明確な経営戦略を描けない経営者は負け組になって市場から退出せざるをえない。勝ち組と負け組が次第に鮮明になってきた。アメリカの有名な書籍のeビジネス「アマゾン・ドット・コム」はいまだに赤字経営から脱していない。アメリカでは在来の小売業がＩＴビジネスに本格参入することで新興小売業のeビジネス企業の競争力は低下してきている。店舗や倉庫などのモルタル塗りの産業基盤があってこそ、eビジネスが展開できる。

4　新しい株式会社像

4－1　ナレッジマネジメントと知識創造企業
　野中郁次郎氏の知識創造論は日本発信の国際的な概念となって

きた。手短に紹介しよう。氏によると、企業経営の目的は利益を追求するよりも、むしろ新しい知を生み出すことにある。経営の本質は知の創造にある。『知識創造企業』のタイトル通りの主張である。知識には言語や文章や図では表現できない主体的な身体的な知識「暗黙知」と、言語や文章で表現できる「形式知」に分別できる。この二種類の知が相互作用を繰り返すことで新たな知識が創造されるという。まず、個人間の暗黙知が相互作用する「共同化」では、新たな暗黙知が個人に創られる。つぎにこの暗黙知は様々な「場」において対話を通じて、表出化して、形式知となる。グループとしての形式知は組織全体に普及して他の形式知と「連結化」する。こうして、組織として新しい形式知が生まれる。これを実行するために個人の学習という「内面化」が進み、個人の暗黙知として体化される。最初の個人の暗黙知はこの知識創造のサイクルを通じて元に戻ったときには飛躍的に大きくなるという。

　しかし、「暗黙知」の共有化の具体的な方法論のイメージはなかなかつかみにくい。ヒトはなかなか有用な情報を出さない。事例は個人の貴重なノウハウであるから、なかなか出さない。汗と涙で勝ち得た経験やノウハウをベテランはそう簡単には表に出さない。そこで、ベテランが得意先や新規開拓先を回るときに若手を引き連れることで、外回りという共通の場を設定して、若手にベテランのノウハウを以心伝心で学ばせるやり方がある。

　暗黙知は共通の土俵の中でこそ一番学びやすいということであ

る。本田宗一郎はわいわいがやがやの会議を好み、役員室は壁で間仕切りの個室でなく、役員一同揃う大部屋であった。互いに信頼を持つことが情報共有化の前提になるわけで、大部屋に知識や知恵の共有化のヒントが隠されている。前川製作所の自動鶏肉脱骨機「トリダス」の事例は、暗黙知を共有するには、共通の「場」を通じた信頼が不可欠であることを示唆している。

　現代の企業の目的は、お客様に喜んでいただく価値を創造することである。つまり、新しい商品やサービスを市場に提供することである。新製品や新サービスの創造には、新しい知識を組み込むことが不可欠であろう。あるいは新しいビジネスの仕組みづくりには、斬新な発想が前提となろう。新製品やビジネスの新しい仕組みを創造する際には、ＩＴは新しく価値を創造する便利なインフラである。だが、価値創造の十分条件でない。ＩＴを活用した最新機器を入れただけでは、生産の合理化や事務合理化を支援し業務の効率化を図ることにはならない。この際、以下のポイントが指摘できる。

(a)　確固たる企業独自の経営思想や経営戦略がないとＩＴはうまくいかない。

(b)　ＩＴはあくまでもツール。主役は人間。「個性を発揮する、信頼と協調の人間のネットワークを支えるツール」がＩＴ。インターネットのサイト上でのｅビジネスが典型。

4-2　ミドルマネジャーを生かす

　日本的経営とは、1972年ＯＥＣＤの報告書によれば、終身雇用制、年功制、企業別組合を日本的経営の三種の神器とした。ここでは終身雇用制をとりあげよう。不景気が続いて、企業はミドルマネジャーをいとも簡単に切り捨ているが、これでよいのだろうか。ミドルの営々と築き上げてきた「暗黙知」はどうなるのか。情報システムやＩＴは「形式知」の世界、ミドルの経験やノウハウは「暗黙知」の世界。両者をつなげて相互啓発する仕組みを生み出さないといけない。新製品開発を語るのに、情報技術論が先走ってはいけない。コンピュータ端末のキーをいくらたたいても知識創造は生まれないのではないか。暗黙知の世界に自ら飛び込まなくてはいけない。営業の達人といわれるビジネスパースンの秘中の暗黙知を真似しようとしてもできないのは、仕事に関する深い知識が十分にないからではないか。

　知識創造の源泉は機械的な形式知にあるのでなく、人間的な暗黙知にある。経験豊富なミドルが知識や知恵を生み出す。機械が知識や知恵を生み出すのでない。両者の相互作用から知識が組織的に生み出されていく。人間系のインテリジェンス・システムを具体化したのが、機械系の情報システムである。人間が機械を使うのである。機械には人間以上のことはできない。すばらしい手さばきを見せる熟達の職人がおられてこそ、真似するロボットが存在する。

　しかし、肝心の知識が個人の内部にとどまっていては、組織は

進化しない。新たな知識は組織の中に創造されない。個人によって暗黙知は違う。そうした個人の多様な暗黙知がダイナミックに相互作用して新たな暗黙知を生む。そしてこれが形式知に変換されて、あるコンセプトになってはじめて組織メンバーに分析的にとらえられ、内省を通じてさらに洗練され新たな暗黙知を生み出す。

　ある中堅のフランチャイズ・チェーンから、セブン-イレブンのような最先端の情報システムを真似したいとのコンサルティングの相談を受けた事例を紹介する。調査のためにセブン-イレブンを訪れた研究者に対して、同社の情報システム担当者はおおよそつぎのように応えたという。「教えを請う見学者には何でも教えてあげます、しかし、わが社は10数年かけて業務改善をしてきました。その仕組みの上に今日の情報システムをつくりあげたのです」。ここに、同社が他社に追随を許さない業務のしくみとそれを裏付ける優れた情報システムがあろう。全国から毎週、加盟店の経営指導を担当する約1000人のスタッフを東京に集めるのは、経営者の陣頭指揮ぶりを見せるだけでない。会議でのフェイス・ツウ・フェイス情報が、膨大な情報システムの血となり肉となって強力にしていることを知っているからである。日常業務にたいする強い深い自信と優れた実績がそうしたITの先進的な試みを可能にさせているのである。いまやタンピンカンリは世界的な経営管理ツールとなり、各国の情報システム担当者が同社に教えを乞うために来日している（日経1998.11.15）。

4－3　仕事こそ生き甲斐

　人生を趣味で楽しむには、子供の頃からそういう余裕のある教育をしておかなければいけない。そんなことは日本人にはできない。時間とお金のある欧州の貴族ならできるだろうが。我々は仕事が生活。どんな仕事でも一所懸命にやればおもしろくなる。マズローの五段階説では、自己実現欲が最高の欲望。上司の命令でいやいや仕事をやらされるのでなく、自らの指針で仕事をやり抜くのが今後の就業形態になる。頑張ったら、それなりの報酬を受けられることが多く、権限と責任を同時に任されてこそ、仕事がおもしろいし、新しいことにチャレンジできる。そうした働き場所を与えられるのが最高の事業所となる。どうせ働かせるなら、自己実現が達成されそうな可能性の強い職場がよいというのが最近の大学生。次第に、「就社から就職」になってきた。仕事への高い動機が持てる場所を選んでくるようになった。

貴重なご意見、ご質問に答えます（5）

Q．e-business の今後は見通しはありますか。

A．eコマースに限れば、対面販売ではできないサムシング・ニューがないと、生き残りは厳しいと思います。コテコテの大阪弁が流れるサイトが案外、受けているそうです。

Q．アメリカの不況は果たして回復する可能性はあるでしょうか。またアメリカは国土が広く、日本は狭いことを考えると、ネットの利用のありように違いはあると思いますが。

A．アメリカの好景気は10年以上続きました。来年回復の景気予測がありますが、もう少し時間がかかるかと思います。また、消費者が広大な国土に散在するアメリカでは、ネットの利便性は高いですが、人口が大都会に密集する我が国では、ネットに依存する必然性ははるかに小さいのではないか、ご質問の趣旨はこのようなことと拝察します。私もまったく同感です。対面販売を超えるものを出す必要があります。

Q．株式申込受付証には、「この受付証は譲渡・売買・質入等はできません」とあります。この会社の株主は変動できませんか、株数も変動できませんか。

A．株式申込受付証とは、新規上場株あるいは増資の申込みの意味だと思います。申込みの後では、申込者の名前を変更できません。新規上場の場合、株数は増やすことはできませんが、払込段階で株数を減らすことは可能です。

Q．時間がないので、図書館の本を利用して勉強する事になるので、前回の福井先生のご本の名前とこれだけは読みなさいと言う本がありましたら、教えて下さい。経済学は難しいと思っている初心者です。今回の授業で読むべき本はだいぶわかりました。特におすすめがあれば教えて下さい。

A．株式ポートフォリオの解説や日経平均については、拙著『知の統計学3』（共立出版、2000円）があります。雑学コラムを30程入れたファイナンスの入門書です。読むべき本としては、ケインズの『一般理論』および野中先生の『知識創造企業』があります。短い論文では、マーケティングの権威、レビットの「近視眼的マーケティング」（『ハーバード・ビジネス・レビュー』、1960年、1975年再録）は何回読んでもすばらしい。土屋守章『ハーバー

ド・ビジネス・スクールにて』（中公新書）は経営学と経済学の違いがわかる本。他に、米倉誠一郎『経営革命の構造』（岩波）。

> Q．私も『金持ち父さん、貧乏父さん』を読みました。実はこの本のおかげで今回のビジネスセミナーを受講しました。本の中では、資産を生み出すような投資をしなければ、日本でもアメリカでも決してお金持ちになれないとあります。先生はどう思われますか。税金対策も重要と言ってましたが。持ち家、my carなどは負債になるので、お金持ちになってからのご褒美に購入すれば良いのでしょうか。

A．松下幸之助は身体が弱かったので、人に仕事を任せて、本人は監督として采配をとりました。頭脳プレーです。一人でするより結果的に何十倍もの仕事ができたと述懐しています。阪神・巨人戦を見ながらビールを飲んで寝ている間に賃貸人からお金が口座に振り込まれてくるとしたら、これこそ最高の資産です。しかも賃貸物件の借金の利子は、経費扱いで、節税につながります。それから、自宅は、自分の収入にあった家を無理なく返済できる範囲で購入されるべきです。案外、見栄で家を買う人はいるのですが、家は人に見せるのではありません。住宅ローンは、とにかく早く返済することです。

> Q．リストラ＝人員削減（＝暗黙知の減少）＝格付けの改善という図式が今日的と思うのですが、いわゆる格付け会社と称する機関を先生はどう思われますか。

A．社債格付けとは、社債が償還されるかどうかのリスクを示したもの。日本の社債格付け機関は二社あります。1985年設立の日本格付研究所（Japan Credit Rating Agency，略称ＪＣＩ）は、日本の信託銀行や保険会社が株主です。1998年設立の日本格付投資情報センター（Rating and Investment Information, Inc., 略称Ｒ＆Ｉ）は日本経済新聞社が半数、残り半数を銀行、保険、証券系シンクタンクが握る。こんな出資割合では、出資者の銀行にとても貴行の社債格付けはＢＢとは言えないでしょう。

これに対して、世界最大の格付会社ムーディーズも、スタンダード・アンド・プアーズ（Ｓ＆Ｐ）も、格付けに遠慮はありません。対象企業に対しておかまいありません。格付は、最も安全度の高いＡＡＡから、ＡＡ，Ａ，ＢＢＢ，ＢＢ，Ｂ，ＣＣＣ，ＣＣ，Ｃと下がってきます。ただし、ムーディーズは、Ａａａ，Ａａ，Ａ，Ｂａａ，Ｂａ，Ｂ，Ｃａａ，Ｃａ，Ｃです。山一の格付を一挙にＣａａにまで落としたのはムーディーズでした。山一はその直後に経営破綻しました。

2001年7月18日にインターネットでムーディーズと日本格付研究所のサイトを見て、わが国の金融機関の格付を閲覧して比較しました。すべての金融機関を格付してはないようです。三和銀

行ＡとＡＡ（前者がムーディーズの格付、後者がＪＣＩの格付、以下同様）、大和銀行ＢａａとＢＢＢ、住友信託銀行ＢａaとＡ、野村証券ＢａaとＡ、東京海上ＡａとＡＡＡ、日本興亜損保ＡとＡＡ、富士火災ＢａとＡ、朝日生命ＢａaとＡ、第一生命ＡとＡＡ、大同生命ＡaとＡＡ、日本生命ＡとＡＡ、三井生命ＢａaとＡ。わが国の金融機関に対する評価はムーディーズは相対的にきつい（ＪＣＩは相対的にあまい）。

> Ｑ．今日の企業のリストラのやり方を継続すれば、将来の日本の企業（とくに製造業）は、どうなると考えておられますか。

Ａ．製造現場に熟達した労働者がいなくなってしまい、技術の伝承ができないことになります。天体望遠鏡の巨大レンズを磨くのは、職人さんです。機械と違います。販売ノウハウに精通したセールスパースンのクビを切ってしまうと、顧客との信頼関係は何で代替しますか。生産工場を中国に持っていくと、最後は国内では技術開発すらできなくなります。日本メーカーの将来に明日はないことになります。世界に先駆けて新しい発想で新商品をどんどん開発していただきたい。

Q．少子高齢化、若者が少ないこれからの日本でITを駆使するeビジネスについて、常識的に考えて、高齢者はついていけるでしょうか。放っておいてよいのでしょうか。購買力を高齢者から引き出すために、ITは効力があるのでしょうか。専門用語を理解できなかったり、ATMを扱えない中高齢者も多いと聞いています。

A．マスコミで言われる程に、このビジネスの将来が前途洋々とは決して思いません。理由はすでに説明しました。高齢者の方が無理についていくことはないと思います。ご高齢の方には、やはり行き届いた対面販売が一番です。高齢者の方こそ、毎日街に出てコミュニケーションをとらないといけません。家ばかりでは、ボケてしまいます。テレビやパソコンの守を毎日していてはいけません。パソコンのメールといっても、所詮はフェース・ツゥ・フェースの情報交換にはかないません。パソコンは、相手の息遣いまでわかりません。微妙な心理のひだを表情から垣間見ることはできません。ただし、重い荷物の配送依頼にはインターネットは便利。足が悪い方にはITは便利でしょうが。

Q．長い不況にあえぐ日本ですが、低コスト戦略、差別化戦略、集中戦略以外にとる道はないのでしょうか。中国の台頭で低コスト戦略は難しい気がするのですが。

A．言われる通り、低コスト戦略は難しい。差別化戦略しかありません。ゲームやアニメは国際競争力抜群です。日本の教育を見直して、子供たちにもっと勉強させなくてはいけないと思います。今の教育はゆとり教育といって本当は子供のためになっていません。知的能力を高めないといけない。統計学担当者として、大学生の数学能力の低さは悲劇です。百分率の0.03が0.03％では笑えません。そして、暗記勉強も大事だけど、独創性も育まないといけない。日本は人材で勝負、これしかない。

Q．中高年層がリストラの嵐のまっただ中にいますが、MBAは無理としても今から身につけるべきスキルは何ですか。

A．数年前に勤務先の夜間社会人大学院を卒業された通信系会社の50歳台前半の部長さんを思い出しました。東京の有名な国立大学を出ておられる理系の方でした。資格を取りに来たのでなく、知力を高める勉強をしに来たと言われていました。今更、資格なんか私の仕事に関係ないとも言われていました。さて、身につけるスキルは何かと聞かれたら、そんなことを質問されるのは、仕事人間の方でしょうから、皮肉でもなんでもなく、家庭をもう一度振り返る余裕と奥さんの気持ちを推し量るスキルとやさしさではないかと思います。老後を考えて、そろそろ奥さんを大事にすべきです。豆腐料理の「梅の花」にもつきあうべきです。

Q．暗黙知と形式知の根底に共通な認知（常識とか就業目的）がないと、共通化するのは困難ではないでしょうか。特に世代間格差が大きい現在では。

A．言われる通りです。組織に知を創造するには、思いが一つでないといけません。思いを一つにして共有化し、共振しなくてはいけません。貴重なご指摘に感謝申し上げます。

Q．本日の朝日新聞の夕刊（2001.7.14）に広島商業高校の校内コンビニの記事がありました。商業高校という特性から派生しているのでしょうが、起業が身近になる方法は、今の教育では難しいのでしょうか。

A．起業とは、新しい知のかたまりです。他人とは違うオリジナルなものがないと続きません。現在のわけのわからないゆとり教育からは出てきません。現在の教育は知識詰め込みでもなく、創造性あふれるものでもなく中途半端です。

　毎回のコメントでよく出てきた誤字を一つ。「講義」が正しくて、「講議」は間違い。思い込みは恐ろしい。恥ずかしながら、私も32歳までこう書いていました。

＜参考文献＞

出光佐三　（1962）：『人間尊重50年』、春秋社
市川利夫　（2000）：『図解 キャッシュ・フロー経営の基本と戦略』、ナツメ社
大塚久雄　（1938）：『株式会社発生史論』、中央公論
大橋光雄　（1939）：『有限会社法』、有斐閣
科野孝蔵　（1992）：『栄光から崩壊へ、オランダ東インド会社盛衰史』、同文館出版
岸田雅雄　（1991）：『会社法入門』、日本経済新聞社
小宮一慶　（1998）：『図解 キャッシュ・フロー経営』、東洋経済新報社
佐野眞一　（1978）：『渋沢家三代』、文春新書
佐々木一成（1998）：財務制限条項の自由化等の影響と投資家、『商事法務』、no.1504
高田晴仁　（1999）：旧商法典、新山雄三 他編『近代企業法の形成と展開』、
　　　　　　　　　　　　　　　　　　　　　　　　　　　　　　成文堂
田中耕太郎（1939）：『改正商法及び有限会社法解説』、有斐閣
谷村裕　（1982）：『株主勘定復活論』、日本経済新聞社
寺田義明・前田節子（1998）：国内無担保社債における財務上の特約設定状況、
　　　　　　　　　　　　　　　　　　　　　　　『公社債月報』2月号
M・E・ポーター著、土岐・中辻・服部訳（1989）：『競争の戦略』、ダイヤモンド社
野中郁次郎（1990）：『知識創造の経営』、日本経済新聞社
野中郁次郎・竹内弘高（1996）：『知識創造企業』、東洋経済新報社
長谷川俊明（1985）：『法律英語の事典』、東京布井出版
平松一夫　（2000）：「時価会計と企業経営」、日本経済新聞
　　　　　　　　　　　　　　　　　　　「やさしい経済学」9月連載
福井幸男　（1997）：『知の統計学3 ── 生命保険から証券投資、会計監査まで』、
　　　　　　　　　　　　　　　　　　　　　　　　　　　　　　共立出版
福井幸男　（1998）：組織能力と情報システム、『生産管理』5巻2号
福井幸男　（2001）：「ＩＴ革命が食品産業界を変える」、『食品機械装置』1月号
Ｃ・Ｋ・プラハラッド、ゲーリー・ハメル、坂本義実訳（1990）：
　　　コア競争力の発見と開発、『ダイヤモンド・ハーバードビジネスレビュー』
　　　　　　　　　　　　　　　　　　　　　　　　　　　　　　8・9月号
増谷裕久・林隆敏（1999）：『新会計学演習』、中央経済社
宮本又郎・阿部武司編（1995）：『経営革新と工業化』、岩波書店
山口幸五郎・加藤徹（2000）：『会社法概論（補訂版）』、法律文化社

＜著者紹介＞
福井 幸男（ふくい ゆきお）

関西学院大学商学部教授
経済学博士
所属学会：証券経済学会、日本統計学会、日本経済学会、
経営情報学会、日本生産管理学会、大学史研究会

著　書
『知の統計学1 ― 株価からアメリカンフットボールまで（第二版）』（共立出版）
『知の統計学2 ― ケインズからナイチンゲール、森鴎外まで』（共立出版）
『知の統計学3 ― 生命保険から証券投資、会計監査まで』（共立出版）
『産業連関構造の研究』（啓文社）　など

eメール
fukuiy@kwansei.ac.jp

［ダイアログ型講義録］
株式会社はこんなにおもしろい

2001年11月15日初版第一刷発行

著　者　　福井幸男
発行者　　山本栄一
発行所　　関西学院大学出版会
所在地　　〒665-0891　西宮市上ヶ原1-1-155
電　話　　0798-53-5233

印　刷　　神戸協同グラフィックセンター

©2001 Printed in Japan by
Kwansei Gakuin University Press
ISBN:4-907654-33-2
乱丁・落丁本はお取り替えいたします。
http://www.kwansei.ac.jp/press